PETITE MONOGRAPHIE

DE LA

CATHÉDRALE DE CHARTRES

ET DES

ÉGLISES DE LA MÊME VILLE

PAR L'ABBÉ BULTEAU,

ancien vicaire de la Cathédrale, membre de la Société archéologique d'Eure-et-Loire, de la Société historique de Tournai, de la Société d'Émulation de Cambrai, etc., etc.

SE VEND

au profit de l'OEuvre des Clercs de Notre-Dame de Chartres.

CAMBRAI

TYPOGRAPHIE DE Ve CARION ET Ce, RUE DE NOYON, 9.

1872

PETITE MONOGRAPHIE

DE LA

CATHÉDRALE DE CHARTRES

ET DES

ÉGLISES DE LA MÊME VILLE

PAR L'ABBÉ BULTEAU,

ancien vicaire de la Cathédrale, membre de la Société archéologique d'Eure-et-Loire, de la Société historique de Tournai, de la Société d'Émulation de Cambrai, etc., etc.

SE VEND

au profit de l'OEuvre des Clercs de Notre-Dame de Chartres.

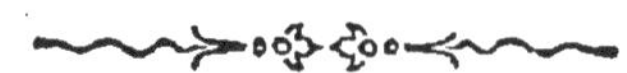

CAMBRAI

TYPOGRAPHIE DE Ve CARION ET Ce, RUE DE NOYON, 9.

—

1872

ARCHEVÊCHÉ DE CAMBRAI

IMPRIMATUR.

Cameraci, die 28 *Aug.* 1872.

† **Henricus MONNIER,**
Ep. Lydden, Vic.-Gen.

AVANT-PROPOS.

Cette petite Monographie est principalement destinée à servir de guide aux pèlerins, aux touristes, aux amis de l'art national et chrétien qui viennent prier Notre-Dame de Chartres et visiter sa splendide cathédrale. — Elle n'est point un livre de prière ou de dévotion; elle ne renferme que le résumé succinct de l'histoire et de l'iconographie des églises dont elle parle.

Nous n'entrons dans aucune discussion sur les points douteux et controversés; nous réservons les discussions pour notre grande Monographie.

Depuis que nous avons publié, en 1850, notre *Description de la Cathédrale de Chartres*, beaucoup de savants écrits ont paru, sous diverses formes, sur la Basilique, gloire de notre cité et de notre province ; nous indiquerons particulièrement ceux de M. de Lépinois, de M. Merlet, de M. Paul Durand, de M. Lecocq, de M. l'abbé Hénault, des Rédacteurs de la *Voix de Notre-Dame*. Nous leur avons fait plusieurs emprunts sans en avertir chaque fois, afin de ne pas fatiguer le lecteur. — M. le chanoine Brou et son jeune secrétaire, nous ont fourni quelques renseignements précieux, dont nous leur sommes très-reconnaissants.

En exécution des décrets d'Urbain VIII, nous déclarons que, dans la narration des miracles, des révélations et des faits de tout autre genre contenus dans cette petite *Monographie*, nous ne prétendons en rien prévenir le jugement de l'Eglise romaine, à laquelle nous soumettons sans réserve, comme un fils soumis à une Mère infaillible, nos sentiments, nos écrits et notre personne.

L'abbé BULTEAU.

Le 8 Septembre 1872, *Fête de la Nativité.*

PETITE MONOGRAPHIE

DE

LA CATHÉDRALE DE CHARTRES

CHAPITRE Ier.

Histoire sommaire.

1. La cathédrale de Chartres est un des rares édifices qui jouissent en France d'une renommée populaire. Il n'est personne qui n'ait entendu parler de sa vaste étendue, de sa belle statuaire, de sa riche clôture du chœur, de ses magnifiques vitraux, mais surtout de ses deux *clochers*; car suivant un antique adage, les *clochers* de Chartres, unis à la *nef* d'Amiens, au *chœur* de Beauvais et au *portail* de Reims, formeraient la plus belle cathédrale du monde. Parmi les richesses archéologiques qui composent le trésor de l'art chrétien dans notre belle France, cette splendide cathédrale est une des plus précieuses. Il suffit de la contempler pour en

comprendre la supériorité, et pour redire avec le célèbre Visconti, conservateur du musée du Vatican : *Si l'on trouve ailleurs des parties plus belles, on ne trouve nulle part un si bel ensemble.*

La cathédrale de Chartres est bâtie sur le sommet d'une colline dont les flancs sont couverts par les habitations particulières, groupées et échelonnées autour du temple de Marie comme des enfants autour de leur mère. Le noble édifice domine majestueusement l'antique cité, sur laquelle il semble projeter son ombre tutélaire; et il apparaît seul et tout entier aux regards du voyageur éloigné encore de plusieurs lieues. Les deux clochers qui se perdent dans les nues, communiquent à la perspective un mouvement plein de noblesse : ils forment le trait caractéristique du point de vue, et s'élèvent en portant l'étendard de la croix au-dessus de la ville comme pour détourner les effets de la justice céleste et implorer la miséricorde de Dieu.

Mais retraçons rapidement les principaux points de son histoire.

2. Un voile mystérieux entoure le berceau de Notre-Dame de Chartres. Suivant une antique tradition, l'emplacement actuel de la cathédrale était, cent ans avant l'ère chrétienne, un lieu prophétiquement consacré au culte de Marie ; là se trouvaient un bocage sacré et une grotte où les Druides élevèrent à la Mère de Dieu une statue en bois avec cette célèbre inscription : VIRGINI PARITURÆ, *à la Vierge qui doit enfanter*. Éclairés par une tradition primitive ou par une révélation divine, ces prêtres des anciens Gaulois attendaient de cette Vierge-Mère le salut moral et intellectuel du genre humain. C'est ce qui a fait dire au roi Charles VII, dans son ordonnance de 1432 : « L'église de Chartres est la « plus ancienne du royaume, fondée par pro- « phétie en l'honneur de la glorieuse Vierge- « Marie, avant l'incarnation de Notre-Sei- « gneur Jésus-Christ. »

3. Nos anciens livres liturgiques et nos vieilles chroniques nous apprennent que saint Savinien et saint Potentien, furent envoyés dans les Gaules, par l'apôtre saint Pierre, vers l'an 48 de l'ère chrétienne, et la science

contemporaine démontre la vérité de cette assertion. Ils vinrent à Chartres, et ils y prêchèrent avec tant de succès, qu'ils acquirent en peu de temps à Jésus-Christ plusieurs habitants de la ville. Les Druides voyant l'accomplissement de leurs prédictions, quittèrent les ombres pour suivre la vérité.

Cependant la grotte druidique servit d'abord de temple aux premiers chrétiens de Chartres ; mais leur nombre ayant singulièrement augmenté, ils construisirent au-dessus de la grotte une modeste église épiscopale, que saint Savinien et saint Potentien dédièrent à la très-sainte Vierge, de son vivant même (1). Saint Aventin en fut établi le premier évêque.

4. La persécution ne tarda pas à sévir à Chartres, comme dans toutes les provinces de l'empire romain : beaucoup de chrétiens versèrent généreusement leur sang pour la foi ; parmi eux se trouvait la chaste et courageuse Modeste, fille du gouverneur Quirinus.

(1) Benoit XIV, *De canonizat,* lib. I, cap 14, n° 11.

Les corps des saints martyrs furent jetés dans un puits creusé près de l'autel de la très-sainte Vierge, et nommé pour cela le *Puits des Saints-Forts*. En même temps, l'église épiscopale fut saccagée et détruite de fond en comble. Ce sont probablement quelques fragments provenant de cette première église qu'on a retrouvés, en 1849, dans les fouilles opérées sous la pierre centrale du labyrinthe.

Longtemps après, lorsque la paix fut enfin donnée à l'Eglise par l'empereur Constantin, les chrétiens de Chartres, encouragés par leur évêque Castor, relevèrent leur cathédrale, qui paraît avoir subsisté jusqu'en 743, sous l'épiscopat de Godessald (1). Alors, d'après les annales de Metz, Hunalde, duc d'Aquitaine, *prit et brûla Chartres avec l'église cathédrale ; mais il conçut bientôt tant d'horreur de ce crime qu'il renonça au monde, laissa ses états à son fils Vafaire et se fit moine dans le monastère de l'île de Rhé.* Godessald se hâta de relever sa cathédrale. Le bois do-

(1) Certains manuscrits reportent à l'an 770 la date de ce désastre.

minait dans les églises de cette époque; néanmoins elles offraient une grande magnificence, et toutes les somptuosités des arts y concouraient à la majesté du culte : les tapisseries décoraient les murailles, les mosaïques y étalaient la variété de leurs couleurs, les peintures à fresques et les ornements de toute espèce y étaient prodigués. La cathédrale de Godessald ne dura guère plus d'un siècle. Quand les Normands apportèrent *en nostre terre françoise les pilleries, saccagemens et bruslemens,* comme s'exprime un vieux chroniqueur, Chartres fut assiégée par ces barbares. Après un siége infructueux, ils eurent recours à la ruse; feignant de vouloir se convertir, ils demandèrent le baptême; une fois introduits dans la ville, les perfides mirent tout à feu et à sang. La cathédrale ne put échapper à leurs fureurs sacrilèges. L'évêque saint Frobold et son clergé, avec une multitude de chrétiens qui s'étaient réfugiés dans le temple, y furent égorgés et ensevelis sous ses débris fumants. Cet affreux désastre eut lieu le 12 juin 858.

Une quatrième basilique fut reconstruite

au premier moment de sécurité par les soins de l'évêque Gislebert. En 876, elle eut l'insigne bonheur de recevoir de Charles-le-Chauve, la sainte relique qui fait la gloire de la cathédrale de Chartres et qui est connue sous le nom de : *Tunique de la Mère de Dieu* ou de *Sancta Camisia*. L'église de Gislebert éprouva bientôt le sort de ses devancières. Pendant la guerre que Thibaut-le-Tricheur, comte de Chartres, soutint contre Richard, elle devint la proie des flammes, le 5 août 963 ; cet incendie fut allumé par les Normands et les Danois. — « On réédifia l'église de rechef, « dit un de ses historiens ; et on la fit la plus « belle, la plus magnifique et la plus pom« peuse du monde ; et celle-ci encore était « à peine achevée, qu'elle fut encore désolée « par un funeste embrasement. Car le 7 sep« tembre 1020, sous le règne de Robert et « l'épiscopat de Fulbert, elle fut brûlée par le « feu du Ciel, si bien qu'il n'en demeura « que de misérables restes et de tristes « ruines (1) » Ces restes se voient encore

(1) Sablon, *Histoire de l'église de Chartres*, page 13.

aujourd'hui dans la chapelle de saint Lubin ; on les reconnaît à la maçonnerie mélangée de pierres et de briques.

5. Le grand Fulbert se mit aussitôt à l'œuvre pour relever son église épiscopale. Il écrivit au roi Robert et à tous les souverains de l'Europe civilisée, les suppliant de lui venir en aide. Son appel fut entendu : tous donnèrent libéralement pour coopérer à l'érection du saint édifice. Canut-le-Grand, roi d'Angleterre, du Danemark, de la Norwége et de la Suède, envoya une somme considérable. Fulbert l'en remercia par une belle lettre que nous avons encore. Le saint évêque, son clergé et tout le peuple y contribuèrent aussi avec une admirable générosité. C'était d'ailleurs l'époque où la piété des fidèles les poussait à renouveler presque toutes les cathédrales, les monastères et jusqu'aux moindres églises de villages, comme nous l'apprend un auteur du temps, le moine Glaber de Cluny : « Après « l'an 1000, dit-il, dans presque tout l'univers, « principalement dans l'Italie et dans les « Gaules, les basiliques et les églises furent « renouvelées, quoique la plupart fussent

« encore assez belles pour n'en avoir pas « besoin. Mais les peuples chrétiens sem- « blaient rivaliser à qui élèverait les plus « magnifiques. On eût dit que le monde se « secouait et dépouillait sa vieillesse pour « revêtir la robe blanche des églises. »

Les travaux furent commencés sur un vaste plan, et ils furent poussés avec tant d'activité que la cathédrale sortit par enchantement du milieu de ses ruines. Deux ans s'étaient à peine écoulés depuis l'incendie, que la crypte ou église souterraine était achevée. L'église supérieure était déjà fort avancée, lorsque saint Fulbert mourut le 10 avril 1029, laissant presque toutes ses épargnes pour en continuer la reconstruction. Son successeur Thierry ou Théodoric poussa les travaux avec la même activité, de sorte qu'il put en faire la dédicace le 17 octobre 1037, en présence du roi Henri I, qui avait fait construire à ses frais les voûtes en bois de la cathédrale. Nous connaissons les noms des deux architectes qui ont travaillé à cette cinquième basilique, savoir Teudon et Jean de Chartres.

Nos nécrologes mentionnent plusieurs travaux qui furent faits à la cathédrale après sa dédicace. Vers 1070, l'évêque Arraldus agrandit sa cathédrale. En 1087, Guillaume-le-Conquérant fait construire un campanile, pour le repos de l'âme de sa fille Adelise. En 1099, saint Yves élève un magnifique jubé à l'entrée du chœur. Plus tard il demanda et obtint de sainte Mathilde, reine d'Angleterre, les fonds nécessaires pour recouvrir en plomb le toit déjà détérioré. — La pieuse reine donna aussi de fort belles cloches, qu'on plaça provisoirement sur un lieu élevé de l'église ; car les clochers n'existaient pas encore.

6. Quelques années après la mort du bienheureux Yves, arrivée en 1115, l'évêque Geoffroi, qui mérita d'être loué par saint Bernard, construisit le porche occidental et jeta les fondements des deux superbes clochers que nous admirons encore aujourd'hui. Les travaux étaient en pleine activité en 1145, comme nous l'apprenons de deux pièces historiques fort intéressantes et bien connues, la lettre de Hugues, archevêque de Rouen, et le livre de Haymond, abbé de Saint-Pierre-sur-Dive, *Relatio de Miraculis Beatæ Mariæ*. —

Le clocher-vieux était à peine terminé, et le clocher-neuf ne s'élevait encore qu'à la hauteur du comble de la cathédrale, lorsqu'un cinquième incendie vint détruire la vaste basilique de Fulbert et de Thierry ; ce sinistre arriva au mois de juin 1194. Il détruisit tout ; l'église disparut, ne laissant de sa magnificence que la crypte, le porche occidental avec ses verrières et les deux clochers, qui étaient construits hors œuvre et qui ne tenaient à l'édifice que par un de leurs angles (1).

7. La piété de nos pères ne laissa pas longtemps la ville sans sa cathédrale. Le fameux cardinal de Pise, Mélior, légat du pape

(1) Nos bréviaires modernes et presque tous les historiens de notre province et de notre cathédrale, passent sous silence ou révoquent en doute l'incendie de 1194. Il n'est plus permis d'en douter aujourd'hui : une foule de documents puisés dans nos vieilles archives et dans les écrivains contemporains l'attestent de la manière la plus formelle. Outre les écrivains contemporains dont les témoignages sont connus et publiés, on peut citer encore Vincent de Beauvais, précepteur des enfants de saint Louis, dans son *Miroir historial*, livre XXIX, chapitre 55.

Célestin III, se trouvait à Chartres lors du sinistre. Sur les ruines encore fumantes de la basilique de Fulbert, il fait assembler le clergé et le peuple de Chartres, et il leur parle avec tant d'entraînement, que tous, oubliant leurs pertes et désastres personnels, s'engagent à relever leur cathédrale avec toute la splendeur que l'on pouvait atteindre, et avec une solidité capable de résister aux efforts du temps et du feu. A cet effet, l'évêque Regnault de Mouçon et les chanoines abandonnèrent le revenu de leurs prébendes pendant trois années. Tout le peuple donna aussi largement, jusqu'à ses meubles échappés à l'incendie.

Le même enthousiasme, la même générosité se retrouvaient alors chez tous les peuples de l'Europe centrale. C'était l'époque où l'on regardait comme un grand acte de piété et de patriotisme que d'entreprendre de pareils monuments ; car la cathédrale et le beffroi communal étaient les fidèles images de la cité chrétienne et libre. C'était l'époque où à l'enthousiasme des croisades succéda la sainte ardeur des constructions religieuses : « On se « croisa, dit un écrivain, non plus pour s'en

« aller guerroyer au pays d'Orient, mais pour « travailler humblement à l'œuvre de Dieu, de « Notre-Dame et des Saints. » C'était aussi l'époque où l'architecture venait de subir une métamorphose complète ; une immense impulsion avait emporté les architectes dans des voies nouvelles : le style ogival régnait avec sa mâle élégance et sa noble simplicité.

8. Cependant les travaux de la cathédrale se poursuivaient avec une activité prodigieuse; le ciel semblait y prêter assistance. Car la très-sainte Vierge multiplia ses miracles : on vit alors les morts ressusciter, les malades guérir, les sourds entendre, les muets parler, les aveugles voir, les boiteux se redresser, comme nous l'apprend un trouvère contemporain :

Les sors oir, les mux parler,
Les orbz voair, les tors aler (1).

La renommée de ces miracles se répandit non-seulement dans toutes les provinces de France, mais encore dans toute l'Europe ; aussi vit-on arriver des pèlerins de toutes

(1) *Poème des Miracles,* page 39.

parts, du fond de l'Italie, de l'Espagne, de l'Angleterre, de l'Allemagne. « Il y avait tant « de pèlerins par voies et par chemins, dit un « témoin oculaire de cet admirable élan, que « c'était merveille ; chaque nuit ils veillaient « dans l'église; ils étaient si nombreux qu'ils « ne pouvaient y tenir tous ; la plus grande « partie était même obligée de se tenir dans « le cloître. Tout était si rempli de pèlerins et « de pèlerines que les chanoines se rendant à « Matines ne pouvaient traverser le cloître. » Ces pèlerins ne venaient pas à Chartres les mains vides : ils aimaient tendrement la Reine des cieux; et quand on aime, on se plaît à enrichir l'objet aimé. Aussi donnèrent-ils avec une générosité qui nous étonne :

Lors vinrent gens de toutes parts
Qui en charrettes et en chars,
Grands dons à l'Eglise apportaient,
Qui à l'œuvre métier avaient.
Froment apportaient les uns,
Les autres avoine, orge, et les uns
Fer et plomb extrait de minières
Et métal de toutes manières ;
Les autres vins blancs et vermaus ;

Les autres anneaux d'or et fermaus.
D'autre part revenaient gent
Qui offraient joyaux d'argent
Hennaps, coupes, vesselmente,
Et l'on mettait le tout en vente;
De tout ce l'on tirait deniers
Qui se donnaient aux ouvriers,
Dont il y avait grande plente (nombre).
Ils travaillaient de volente (volontiers),
Car ils avaient bonne paye,
Et chaque jour ils étaient payés (1).

On comprend dès lors que Guillaume-le-Breton pouvait dire en 1226 : « Entièrement « rebâtie à neuf en pierres de taille, et ter- « minée par une voûte que l'on peut comparer « à une écaille de tortue, la cathédrale de « Chartres n'a plus rien à craindre du feu « temporel, d'ici au jour du jugement dernier, « et elle sauvera du feu éternel les nombreux « chrétiens qui par leurs aumônes ont contri- « bué à sa reconstruction. » Toutefois il restait encore à élever les porches et sept des

(1) Le même Poème, page 40. J'ai rajeuni l'orthographe du trouvère du 13me siècle. Les savants pourront voir l'orthographe originale dans le Poème même.

neuf tours que son plan réclamait ; il fallait aussi faire tout ce qui devait compléter l'édifice en l'embellissant, c'est-à-dire les autels, les vitraux peints, le jubé et les innombrables statues qui le peuplent. On y travailla avec tant d'ardeur que l'immense cathédrale fut presque complètement achevée soixante-six ans après l'incendie de 1194; elle fut avec grande pompe et grande allégresse consacrée le 17 octobre 1260, par Pierre de Maincy, 76e évêque de Chartres. Le roi saint Louis y assista avec toute la famille royale, au milieu d'une immense foule de grands seigneurs et de simples fidèles avides de gagner les indulgences accordées pour la circonstance par le pape Alexandre IV.

9. Après la dédicace, on continua à compléter la Basilique chartraine. La statuaire des deux porches latéraux fut entièrement terminée vers 1275. La sacristie date des dernières années du XIIIe siècle. Les trois pignons de la cathédrale appartiennent au commencement du siècle suivant. En 1349, les chanoines firent ériger, au chevet de l'église, la grande chapelle dédiée à saint Piat, dont

le corps sacré attirait alors une foule de pieux fidèles; et c'est avec leurs offrandes que l'on couvrit la dépense de cette construction.— La chapelle de Vendôme, qui est pratiquée dans une travée de la basse-nef méridionale, a été ajoutée en 1413. Ce fut Louis, comte de Vendôme, qui la fit construire, pour accomplir un vœu fait à Notre-Dame de Chartres. — La première moitié du XVIe siècle vit s'élever la belle flèche du *Clocher-Neuf*, sous la direction de Jean de Beauce, tout à la fois maçon, architecte et sculpteur. En 1514, les travaux de la riche clôture du chœur commencèrent sous la même direction. Les ouvriers ne gagnaient que cinq sous par jour. Les divers groupes ont été faits par Jehan Soulas, par François Marchant, par Thomas Boudin, par Pierre Legros, par Tuby le jeune, par Simon Mazières, par Dieu et Legros. Les premiers groupes ont été posés en 1519, et les derniers en 1716.

Il a donc fallu plus de cinq cents ans pour compléter la cathédrale de Chartres; quelques-unes de ses merveilles s'étaient déjà assombries sous la puissance du temps, lorsque d'autres merveilles, fraîches et pures, mais vierges de cette harmonie que les siècles donnent aux œuvres humaines, naissaient encore à profusion sous le ciseau des artistes. Image fidèle du christianisme, le temple saint a traversé comme lui et avec lui des époques terribles qui ont laissé sur son front plus d'une profonde cicatrice; cependant il se montre encore à nos yeux riche de ses souvenirs du passé et rayonnant de ses destinées futures.

Pour desservir cette splendide cathédrale, il y avait un Chapitre sans rival en France ; il se composait de 17 Dignités et de 72 chanoines. Riche en biens temporels et en priviléges spirituels, il fut constamment une pépinière d'où furent tirés d'illustres personnages, des cardinaux, des archevêques, des évêques, d'habiles diplomates, des prédicateurs distingués. *Li clerc nostre Dame de Chartres*, disait-on proverbialement au XIVe siècle, lorsqu'on voulait parler d'un clergé réunissant à la fois les distinctions du savoir, de la naissance, de la richesse, et célébrant avec magnificence les cérémonies du culte.

Dès lors ne peut-on pas appliquer, à la cathédrale de Chartres, l'éloge qu'un vieil historien a fait de l'antique cathédrale de Cambrai renversée en 1793 (la même que l'illustre Fénelon trouvait belle *quoique gothique*)? « Bref, ce temple est auguste en « toutes ses parties, auguste en sa grandeur « et structure, auguste en ses ornements, « châsses et saintes reliques, auguste en ses « revenus et en son domaine, auguste en « l'observation du service divin et de la disci- « pline ecclésiastique; mais trois fois plus « auguste en ses temples vivants, je veux « dire, en ses illustres, pieux et doctes cha- « noines qui y ont résidé jusques aujour- « d'hui avec beaucoup de lustre et de gloire, « nul d'entre eux ne pouvant être reçu dans « ce sacré collége que par les suffrages ou de « la noblesse ou de la science. »

10. La révolution liturgique et artistique qui se fit au XVIIIe siècle, n'épargna pas notre auguste cathédrale. C'est sous son inspiration froide, mesquine et de mauvais goût qu'a été exécutée la prétendue restauration du chœur. — Le jubé, don royal de saint Louis, délicieuse tribune, d'où l'Evangile se lisait aux fidèles, le jubé fut abattu. Il fut remplacé par

deux mauvais murs pauvrement sculptés. — Les scènes charmantes de la riche clôture du chœur furent tristement masquées par les bas-reliefs de Bridan ou de lourdes draperies en stuc. — Les colonnettes et les arêtes délicates des ogives disparurent sous un luxe de dorure, de stucage et de marbrerie ridicule; l'architecture fut défigurée. — On remplaça l'antique et sévère dallage par des carrés de marbre blanc et noir, de sorte que le pavé du chœur de notre Basilique ressemble à celui d'une salle à manger d'une maison bourgeoise! — Un autel sans style, sans grandeur, s'éleva dans le sanctuaire, devant un groupe qui n'est pas sans mérite, mais qui n'est point à sa place. — De lourdes stalles sans caractère chargèrent les côtés du chœur. — Enfin pour mettre en lumière tous ces contre-sens, on défonça plusieurs verrières, parmi lesquelles se trouvaient celles qui avaient été données par saint Louis et saint Ferdinand de Castille. Ah ! sans doute lorsque, après les dégâts et le bruit du marteau, les Anges revinrent dans le saint lieu, ils ne reconnurent plus le sévère et religieux sanctuaire où ils se plaisaient tant à descendre !

Cette déplorable restauration coûta une somme énorme. En vérité on regrette que les chanoines aient dépensé près de 500,000 francs pour dégrader le chœur de leur sublime cathédrale. Toutefois nous serions injustes si nous faisions retomber d'une manière absolue la responsabilité de cette dégradation sur les chanoines et sur les artistes qui l'ont dirigée. Ce fut la faute de tout le monde, ou si l'on veut ce fut la faute de leur temps dont l'esprit n'était pas tourné vers l'appréciation et la science des constructions gothiques. « A Rome « même, où l'on conserve tout, de riches car- « dinaux, éblouis comme leur siècle par les « prestiges de l'art grec et romain ressuscité, « permirent à la baguette de ce nouvel enchan- « teur d'abattre dédaigneusement les églises « du moyen-âge (1). »

11. En 1791 et 1792, sous l'évêque constitutionnel Bonnet, la décoration entière des chapelles absidales fut renouvelée ; on éleva deux nouveaux autels dans les bas-côtés de la

(1) Mgr Gerbet, *Esquisses de Rome chrétienne*, vol. I, page 126.

croisée. Pour les orner on se servit des dépouilles des différentes églises de la ville qui furent supprimées à cette époque en vertu du principe de la *liberté* des cultes.... Cette décoration est tout ce que l'on peut voir de plus disparate et de plus pitoyable.

La révolution impie de 1793 vint ensuite s'abattre sur la cathédrale avec toutes les fureurs du vandalisme le plus sauvage. Elle enleva les vases sacrés ; elle brûla les vêtements sacerdotaux; elle s'empara du trésor, le plus riche de France; elle dispersa les reliques des Saints ; de la chaire de vérité elle fit tour à tour une tribune pour les démagogues et un orchestre pour les ménétriers. Elle substitua, dans l'église de la Vierge immaculée, les fêtes décadaires aux cérémonies chrétiennes, et les orgies impures du culte de la déesse Raison aux saintes et purifiantes solennités du catholicisme. Elle ne craignit point de jouer un horrible drame terminé par des danses grotesques sur les dalles où tant de fidèles avaient prié. Elle brisa les statues colossales des douze Apôtres dont les piliers de la nef centrale étaient décorés. Le groupe de l'Assomption ne fut épargné que parce que la tête de la très sainte Vierge fut coiffée de l'ignoble bonnet rouge. — Dans la crypte ou église souterraine, les autels furent brisés, les chapelles dévastées et la statue *druidique* de la Mère de Dieu fut brûlée devant la porte royale dans un horrible feu de joie. — Une souscription de 100 francs déposée à la caisse du bureau de bienfaisance obtint le droit de briser la statuaire admirable de nos portiques; mais le conventionnel Sergent-Marceau, artiste de mérite, eut le bonheur d'arrêter la main dévastatrice. — On dépouilla la noble basilique de ses cloches et de sa toiture de plomb, pour en fabriquer des sous, des canons et des balles.— Enfin si le saint et grandiose édifice a pu échapper au vandalisme révolutionnaire, c'est parce qu'il eut fallu des années entières pour renverser ses bases solidement assises, et que le pays avait alors besoin de tous les bras et de toutes les volontés pour défendre ses frontières.

12. Avant de continuer la rapide esquisse de son histoire, nous devons signaler quelques sinistres qui ont affligé la cathédrale depuis

1194. Le premier dont parlent nos archives, est celui du 26 juillet 1506 ; la foudre frappa et incendia la flèche du clocher-neuf construite en bois et couverte en plomb; les six cloches qu'elle renfermait, furent fondues par la violence du feu ; une partie de la charpente de l'église fut aussi atteinte par le feu, « Telle-
« ment, dit une délibération des Echevins,
« que chacun doutoit toute la dicte église,
« ensemble la ville et la plupart d'icelle,
« cheoir totalement en grande ruyne, cala-
« mité, pauvreté et en danger d'estre bruslée,
« détruite et exterminée. Et crioit chascun,
« par grand'douleur, compassion et pleurs à
« Dieu, *Miséricorde!*.... Néanmoins, moyen-
« nant la grâce de Dieu et de la benoicte
« vierge Marie, en l'honneur de laquelle on
« exposa la Châsse, le feu et la pluye cessè-
« rent. » La flèche fut bientôt reconstruite en pierre tendre de Saint-Leu, par Jehan Texier, dit *Jehan de Beauce*. — Dans la nuit du 15 au 16 novembre 1674, le feu prit dans la chambre des guetteurs au clocher-neuf, par l'imprudence de l'un d'eux. Déjà la charpente du beffroi commençait à brûler, quand de

prompts secours vinrent éteindre l'incendie naissant et calmer les angoisses de la population. — La foudre est ensuite tombée quatre ou cinq fois sur les clochers, mais sans y causer aucun dégât. Depuis 1825, la cathédrale est mise à l'abri du feu du ciel : des paratonnerres y ont été posés à cette époque par M. Billiaux, comme nous l'apprend une inscription gravée sur les barreaux conducteurs, qui vont se perdre dans les puisards : BILLIAUX A PARIS, EN 1825.

13. Si elle était à l'abri de la foudre, elle pouvait encore devenir la proie du plus terrible des éléments destructeurs. En effet, le 4 juin 1836, un fatal incendie dévora la magnifique charpente de la cathédrale, et menaça de détruire les deux clochers. Le feu mis par l'imprudence de deux ouvriers plombiers occupés à la réparation de la toiture, se déclara avec une violence qui annonça immédiatement les dégâts terribles qu'il allait occasionner. Il commença dans l'angle nord-ouest, vers 6 heures du soir. Au son lugubre du tocsin, toute la population consternée accourut pour porter secours à sa chère cathédrale. Des

ordres habilement donnés établirent un service de pompe aussi actif que bien dirigé. De six lieues à la ronde arrivèrent en poste toutes les compagnies de pompiers organisées dans les communes rurales. Mais tous les efforts furent vains pour maîtriser le feu; il s'éteignit de lui-même, faute d'aliment, après avoir duré douze heures. La charpente de la nef et du chœur, et les beffrois des deux clochers avaient été entièrement consumés ; toutes les cloches avaient été fondues. Mais l'édifice lui-même avait peu souffert, et ses incomparables verrières étaient intactes.

D'une extrémité de la France à l'autre, on s'émut à la nouvelle du malheur arrivé à Chartres. Le gouvernement se hâta de prendre ses mesures pour faire réparer les ravages de l'incendie; dès le 11 juin 1836, six jours seulement après l'affreux sinistre, M. Sauzet, ministre des cultes, demanda aux Chambres un crédit de 400,000 francs, et l'obtint aussitôt. Ce crédit fut successivement augmenté jusqu'au chiffre d'un million quatre-vingt-cinq mille francs. Une charpente en fer recouverte de cuivre a remplacé l'antique *forêt* ou charpente en bois. Le clocher-neuf qui avait souffert dans ses sculptures, a été rhabillé à *neuf*, mais par une main assez inhabile.

En 1839, Mgr Clausel de Montals, de sainte et vaillante mémoire, fit placer en face de la chaire le banc de l'œuvre, large et spacieux, et dont le dossier est orné d'un grand sujet allégorique qui rappelle l'incendie de 1836. Quelques années plus tard, les orgues furent heureusement restaurées, et purent de nouveau, après un long silence, faire entendre leur suave et forte voix. Le clocher-neuf avait auparavant retrouvé ses six cloches ; deux en 1840, et quatre en 1845. Ainsi s'étaient réparés peu à peu les désastres de l'incendie de 1836.

14. Ce n'était pas assez, il fallait surtout faire disparaître ou cicatriser les blessures données par le temps, par le mauvais goût et par la révolution de 1793. Le clergé, les fidèles et nos divers gouvernements y contribuèrent à l'envie.

Dès 1848, le gouvernement nomma un architecte de la cathédrale chargé de présider aux divers travaux de la restauration. Depuis cette époque, il a alloué en moyenne 25,000 francs par année pour ces travaux. Le premier architecte a été le regrettable Lassus ; son successeur est le savant M. Bœswilwald ; l'un et l'autre sont secondés par M. Moutonné, l'habile architecte du département. Grâces à eux, les restaurations se font avec une parfaite intelligence du style ogival, et les formes architectoniques de notre vieille cathédrale conservent leurs caractères propres et leur physionomie originelle.

Le gouvernement fait plus encore : comprenant toute l'importance de la cathédrale de Chartres pour la gloire de l'art national, il en publie une splendide MONOGRAPHIE grand in-folio. Douze livraisons ont paru et coûtent 16 francs chacune.

15. En 1854, la cathédrale de Chartres eut un autre bonheur : elle retrouva un second Fulbert dans son 116e évêque, Mgr Louis-Eugène Regnault. Comme saint Fulbert, il veut que sa cathédrale soit vraiment *merveilleuse église si que sa pareille ne puisse être trouvée*. Pour y parvenir, il ne recule devant aucun sacrifice; rien n'effraie sa pieuse audace.

Avec l'aide des fidèles et des pèlerins, il a déjà dépensé plus de 150,000 francs.

Sa première pensée a été de rendre au culte la sainte crypte de Fulbert, et de reconstruire l'ancienne chapelle de *Notre-Dame-Sous-Terre*, si pleine de souvenirs miraculeux. L'autel fut consacré le 30 mai 1855. La décoration confiée à M. Paul Durand n'a été terminée qu'en 1858; nous ne connaissons rien de plus riche en symbolisme : là aucune ligne n'est tracée au hasard ; là tout parle et a un sens mystique ; là tout rappelle les antiques peintures des églises de la Grèce chrétienne, des basiliques et des catacombes de Rome. — Les autels des onze autres chapelles ont été consacrés le 17 octobre 1860, lors des fêtes du six-centième anniversaire de la dédicace. La décoration des voûtes et des murailles est presque terminée. Ce sera merveilleusement beau, digne de Dieu et de sa sainte Mère. Pour le service religieux de la crypte, Mgr Regnault a autorisé et encouragé la fondation de l'œuvre admirable des Clercs de Notre-Dame de Chartres ; nous en parlerons plus bas.

Ce n'est pas assez pour notre pieux Prélat

de restaurer magnifiquement l'église souterraine; il veut aussi rétablir l'église supérieure dans son antique beauté. Déjà la chapelle du Sacré-Cœur de Marie a reçu ses peintures polychromées et tout un ameublement dans le style originel de la cathédrale; la dépense s'est élevée à près de 7,000 francs. La chapelle du rond-point dédiée aux Apôtres, vient de recevoir une décoration plus riche encore, et qui a coûté 18,000 francs. Le gouvernement a payé en outre 16,000 francs pour la réparation des vitraux, qui étaient fort endommagés.

Ce travail de réparation et d'embellissement continuera malgré les malheurs du temps et la diminution de la foi dans bien des âmes. Il reste encore une vive et généreuse dévotion envers la Mère de Dieu dans les cœurs demeurés fidèles; cette dévotion enfantera des prodiges au XIXe siècle, comme elle en a enfanté au moyen-âge, et elle donnera de quoi réaliser le projet conçu par notre saint Pontife.

Dans ce précis historique nous n'avons point parlé des grands événements dont notre cathédrale a été le théâtre dans le cours des siècles ; l'espace nous a manqué dans cette *petite* MONOGRAPHIE. Nous les avons réservés pour la *grande* MONOGRAPHIE que nous publierons bientôt.

CHAPITRE II.

Description de l'extérieur.

On a dit avec beaucoup de justesse que l'extérieur de la cathédrale, considéré dans sa vaste étendue, n'excite point d'abord dans l'imagination un sentiment de vive surprise ; il offre une très-grande simplicité ; c'est le produit d'un art régénéré qui comprend la véritable beauté d'une construction. La régularité des lignes, l'unité du style, le grandiose des proportions, tout concourt à donner à cette masse énorme un caractère de grandeur imposante que ne sauraient atteindre le luxe et la profusion des ornements. L'architecture des premières années du XIIIe siècle, grave et réservée comme une reine, présente un cachet de distinction que la plus riche parure ne peut remplacer.

Pour étudier la savante et harmonieuse combinaison des lignes architectoniques, il faut se placer à l'entrée de la rue *aux Herbes*, vis-à-vis du porche méridional. C'est de ce point que l'on voit se dérouler toutes les parties du vaste et majestueux édifice : à gauche, les deux flêches aigües s'élancent dans les airs, les contreforts de la nef se dessinent avec leurs triples arcs; en face, on a le perron et le portail avec ses deux tours si sveltes, sa riche statuaire, ses pinacles, ses gargouilles, ses galeries, sa rose aux délicats compartiments, son pignon du XIVe siècle. A droite, se présentent et les lancettes, et les galeries, et les chapelles, et la tour absidale et les doubles arcs-boutants, les plus beaux du monde. C'est de là qu'il est impossible de n'être point saisi d'admiration pour une époque qui concevait un pareil monument, et qui savait l'exécuter avec une générosité, une verve si étonnantes.

2. La cathédrale de Chartres a la forme d'une croix latine ; son abside est circulaire

comme celle de toutes les cathédrales françaises (1), et elle est tournée vers l'orient. L'orientation est une loi apostolique dont nos pères ne se sont jamais départis. — Sur la largeur, la cathédrale offre une nef centrale et des bas-côtés à droite et à gauche; autour du chœur les bas-côtés sont doubles. — Sur la longueur, elle a un porche à trois baies s'ouvrant à l'ouest, une nef centrale de sept travées, un vaste transept, un chœur de quatre travées et un sanctuaire au rond point. Autour du chevet, on compte sept chapelles : c'est le nombre mystique par excellence du moyen-âge. Deux clochers élancés flanquent la façade occidentale. Aux deux extrémités du transept il y a un porche en saillie et à trois baies. Chaque porche est flanqué de deux tours carrées qui devaient être surmontées de flèches. Deux autres tours semblables sont élevées de chaque côté de la cathédrale, à la courbure de l'abside. Une neuvième tour de-

(1) Nous ne connaissons que deux exceptions, la cathédrale de Poitiers et l'admirable cathédrale de Laon, dont les absides sont carrées.

vait s'élever sur les quatre gros piliers du transept. Complètement achevée avec ses neuf flèches aériennes, la cathédrale de Chartres aurait produit un effet prodigieux et unique dans le monde. — Une crypte immense s'étend dans toute la longueur des bas-côtés et sous les chapelles absidales. — La cathédrale est bâtie en pierres de Berchères, calcaire siliceux, dur, grossier d'aspect, mais d'une solidité à toute épreuve. Les blocs employés sont d'une grandeur extraordinaire.

Quand on examine les plans de nos grandes cathédrales françaises des dernières années du XIIe siècle, celles de Poitiers, de Laon, de Soissons, de Noyon, de Paris, de Bourges, etc., on dirait qu'il règne une sorte d'incertitude parmi les architectes, et que leurs plans sont comme autant d'essais subissant l'influence de programmes variés. L'architecte de la cathédrale de Chartres eut la gloire de trouver la *cathédrale type*, qui a servi de modèle dans l'Europe centrale.

Voici, en chiffres ronds, les principales dimensions de l'église :

Longueur totale hors œuvre, 155 mètres

Longueur totale dans œuvre,	131	mètres
Longueur de la nef,	74	»
Longueur du chœur,	38	»
Longueur du transept,	64	»
Longueur de la crypte,	110	»
Largeur totale, dans œuvre, près du chœur,	46	»
Largeur totale, dans œuvre, près des clochers,	33	»
Hauteur de la voûte centrale,	37	»
Hauteur du clocher-vieux,	106	»
Hauteur du clocher-neuf,	115	»
Diamètre des trois grandes roses	12	»

3. Nous ne dirons rien ici des trente contreforts ni des arcs-boutants qui compriment les larges voûtes de notre cathédrale, ni des galeries extérieures qui permettent d'en faire le tour. Nous passerons aussi sous silence les combles et les six tours carrées. Nous voulons réserver l'espace dont nous disposons, pour parler des deux clochers qui rendent notre cathédrale célèbre dans tout l'univers.

Des archéologues modernes ont dit des choses étranges sur la signification des clochers en général. M. Ramée prétend que les deux clochers qui flanquent d'ordinaire la façade occidentale des grandes églises, figurent la hiérarchie ecclésiastique et le pouvoir civil, et qu'il faut rapporter à chaque étage un des degrés de l'une ou de l'autre hiérarchie. Où cet archéologue rationaliste a-t-il vu que le Moyen-âge ait jamais eu ces pensées? D'après les idées de ce temps-là, les deux tours du portail étaient le symbole des deux Testaments : « *Les tours*, dit Honorius d'Autun, *sont les deux Lois par lesquelles les prédicateurs doivent prêcher le règne de Dieu.* »

La base carrée des deux clochers est construite avec des pierres d'une dimension presque cyclopéenne ; toutes ces pierres portent certaines marques ou signes lapidaires de toutes formes, lettres latines, lettres hébraïques, croix variées, triangles, outils, marteaux, glaives, poignards, clefs, croissants, cruches, dards, flèches, étendards, etc. Que signifient-ils? Sont-ils simplement des marques d'ouvriers destinées à mesurer leur travail, comme nous le pensons? Ou bien sont-ils la marque du grade et de la tribu des ouvriers appartenant aux corporations maçonniques, comme le croient quelques écrivains ? Le lecteur choisira.

3. Clocher-Vieux. — Le Clocher-Vieux occupe le sud de la façade principale : « C'est « le plus grand clocher, dit M. Viollet-Leduc, « et certainement le plus beau des monuments « de ce genre que nous possédions en France. « Admirablement construit en matériaux « excellents et bien choisis, il a subi deux « incendies terribles et a vu passer sept « siècles sans que sa masse et les détails de sa « construction aient subi d'altérations apparentes. Si l'on veut se rendre compte de la « conception de ce clocher, on verra qu'elle « est aussi franche que l'exécution en est « simple et savante. » — Les chapiteaux, les gargouilles et les modillons ou corbeaux sont extrêmement variés et dignes d'attirer l'attention particulière de l'archéologue et de l'architecte.

Sur la face méridionale du clocher, il y a trois statues. La première représente un Ange, aux aîles déployées, et tenant un cadran solaire; un Ange semblable se voit à la cathédrale de Laon; peut-être ont-ils été sculptés par le même imagier du XIIe siècle. — Sur le contrefort voisin, se trouve l'*âne qui vielle*; et un peu plus loin, la *truie qui file*. Qu'on ne s'imagine pas que les artistes prédicateurs du XIIe siècle voulussent faire une mauvaise plaisanterie en plaçant de pareils sujets sur un temple catholique. Sous ces animaux ridicules ils cachaient une leçon pour le peuple; ils traduisaient pour les yeux ces deux proverbes latins : *Ne sus Minervam*, *Asinus ad lyram*, c'est-à-dire : *N'en remontrez pas à plus habile que vous, de peur de passer pour une brute aussi ridicule qu'un âne qui s'aviserait de pincer de la lyre, ou une truie qui prétendrait filer et tenir la quenouille.*

A la naissance de la flèche, quatre frontons très-aigus ornent les quatre pans de la tour. Dans la plus haute lucarne du fronton qui regarde le clocher-neuf, on lit : HARMANUS 1164 NDD (*nato Domino*). Quel est cet Harmanus? Est-ce l'architecte du clocher? Ou bien est-ce le nom d'un ravaleur du XIIe siècle? Nous l'ignorons.— La flèche est en pierre tendre ; elle est décorée d'arêtiers sur les angles, de nerfs sur les faces et d'écailles imbriquées. — On remarquera que les croix qui surmontent les deux clochers, ne portent pas pour girouette le coq, symbole de la vigilance chrétienne, mais un croissant et un soleil; les croix sont terminées par des étoiles; c'est une allusion à un passage de l'apocalypse, où Marie est représentée comme *revêtue du soleil, la lune sous les pieds et une couronne d'étoiles sur la tête.*

4. Clocher-Neuf. — Le clocher septentrional est appelé *Clocher-Neuf*, quoique sa flèche appartienne seule à une époque moderne : commencée en 1507, elle fut terminée en 1513. — Le Clocher-Neuf est divisé en sept étages voûtés en pierres, et percés chacun de plusieurs arcades, plus ou moins richement décorées. Les deux premiers étages ont été contruits au XIIe siècle. Au troisième commencent les constructions modernes; on y lit une inscription en 24 vers destinée à perpétuer le souvenir de l'incendie de 1506.

Le quatrième étage est une grande salle octogone, éclairée par huit grandes baies ogivales, à menaux flamboyants et culs-de-lampe assez bien fouillés. Il renferme les deux grosses cloches fondues en 1840 : l'une, MARIE, pèse 6,000 kilogrammes ; l'autre, JOSEPH, 2,350 kilogrammes.

Le cinquième étage renferme les quatre cloches fondues en 1845, savoir, *Anne*, *Elisabeth*, *Fulbert*, *Piat* ; ces cloches sont trop petites pour une cathédrale comme celle de Chartres : ce sont des voix féminines données à des géants. Les moulures qui encadrent les huit baies de cet étage, sont à nervures anguleuses et à scoties profondément refouillées et décorées avec de gracieuses guirlandes de fleurs et de feuillages terminées par des figures grotesques ou des animaux fantastiques. Une riche et large galerie, avec une balustrade à compartiments flamboyants règne tout autour de cet étage. Aux quatre angles de la galerie s'élève un clocheton hérissé de niches, de frontons, de pinacles, de crochets et de banderolles aux gracieux replis. Ces quatre clochetons se rattachent au corps du clocher par des arcatures festonnées, portant des monstres et des chimères. Les niches contiennent chacune une statue colossale. Il y a douze statues, dont l'une représente saint Jean-Baptiste, et les autres figurent des apôtres. Ces statues sont beaucoup moins belles que celles des mêmes apôtres qui se dressent sur les parois du porche méridional. Ici les physionomies, au lieu d'être ferventes et sérieuses, sont devenues exagérées et bizarres; l'art du XVIe siècle redescendu sur la terre n'est plus inspiré; il a perdu sa noblesse et sa beauté chrétienne; le réalisme ou l'imitation servile de la nature domine sans conteste; le style est maigre et tout humain. Saint Jean-Baptiste est vêtu d'une tunique de peau; les Apôtres ont une longue tunique, un manteau et des attributs qui les distinguent: Saint Pierre avec les clefs, saint Paul avec l'épée, saint André avec sa croix, saint Jean l'évangéliste avec l'aigle, saint Thomas foulant aux pieds un affreux dragon, saint Siméon avec la scie, saint Jacques-le-Mineur avec une massue, saint Jacques-le-Majeur avec son bourdon et ses coquilles de pèlerin, saint Philippe avec sa croix de roseau, saint Barthélémi avec son coutelas, saint Matthieu avec une lance.

Le sixième étage se compose d'une grande salle octogone, entourée d'une large galerie avec une magnifique balustrade étalant cette richesse de décoration, qui est le dernier effort de l'art gothique expirant. Cette galerie sert d'observatoire aux guetteurs ; pendant la nuit, de demi-heure en demi-heure, ils sont obligés d'en faire le tour pour découvrir les incendies qui se manifesteraient soit dans la ville, soit dans les villages voisins.

Enfin l'on arrive au septième étage après avoir monté 378 marches. C'est une lanterne ou échauguette de forme octogonale, percée de 16 arcades à tympans trilobés, et surmontées de frontons triangulaires. C'est là qu'est suspendue la grosse cloche de l'horloge, *suivant laquelle*, dit le bon Rouillard, *tout le peuple chartrain se conduit et se gouverne, laquelle cloche est aussi appelée cloche du guet*, ou du tocsin. Cette cloche fondue en 1520, par Pierre Savyet, pèse près de 5,000 kilogrammes.

Le clocher est terminé par la croix, comme pour annoncer au loin le mystère de la Rédemption du genre humain.

5. Façade occidentale. — La façade occidentale est plus remarquable par ses colossales proportions que par la richesse de sa décoration. Elle se compose d'un perron de six marches, d'un porche à triple baie historiée de sculptures, d'un triplet ogival et vitré, d'une rose étalant sa vaste corolle de pierre, d'une balustrade avec trottoir, d'une galerie de rois, et d'un galbe ou pignon. Mais ce qui communique à la façade un mouvement extraordinaire, ce sont les deux clochers que nous venons de décrire. Elle occupe une largeur totale de 48 mètres. — Une belle grille en fer y a été placée depuis quelques années et la protége.

6. Porche. — Avant l'incendie de 1194, les deux clochers étaient détachés de l'église sur trois côtés, et le porche était placé à l'entrée de la nef centrale, au fond de l'intervalle existant entre les clochers. On en voit encore aujourd'hui les traces sur les tours et l'amorce du mur de face. Dans les premières années du XIIIe siècle, le porche fut avancé au ras du parement occidental des clochers. Il est composé de trois portes, donnant entrée

dans la nef principale ; celle du milieu est appelée *porte royale ;* ce nom rappelle la *porte royale* des basiliques chrétiennes du IVe et du Ve siècle ; laquelle était ainsi nommée, parce qu'elle servait d'entrée aux rois et aux empereurs. Elle est encore appelée de ce nom parce qu'elle était dans la pensée de nos pères, le symbole de Jésus-Christ, le Roi des rois. « La porte principale de l'église, « dit Durand de Mende, signifie Jésus-« Christ par lequel on entre dans la Jérusa-« lem céleste ; car le Seigneur a dit : *Je suis* « *la porte ; Ego sum ostium.* »

Les sculptures du porche ont été faites sous l'épiscopat de Geoffroi de Lèves, successeur de saint Yves ; elles sont dues en partie aux libéralités de deux chanoines, dont le nécrologe nous a transmis les noms, Ragembod et André. — Les parois, les chambranles, les tympans et les voussures sont peuplés de statues et de statuettes fort remarquables, au nombre de 719, en y comprenant les animaux qui se jouent dans les rinceaux et les entrelacs. — Une pensée d'ensemble a dirigé les habiles et pieux artistes, qui venaient probablement de l'abbaye de Thiron (1). Quelle est cette pensée? c'est de nous représenter le règne de Jésus-Christ, son règne sur la terre, son règne dans le ciel. La vie terrestre du divin Sauveur est tracée à grands traits sur les chapiteaux, et dans les tympans des portes latérales. Sa vie céleste ou triomphante est représentée au tympan et sur les voussures de la porte centrale.

On le voit, c'est l'Evangile tout entier qui est offert aux regards du chrétien prêt à franchir le seuil de la Maison du Seigneur. Ce beau sujet est sculpté sur la façade occidentale de toutes les grandes églises du XIIe siècle. En voici la raison mystérieuse : « Du « côté de l'Occident, dit le R. P. Cahier, « côté de l'ombre, du sommeil et de l'igno- « rance des choses divines, l'Eglise doit faire « luire le flambeau de l'Evangile et de la foi ;

(1) Nous savons en effet qu'au XIIe siècle, saint Bernard de Thiron reçut dans son ordre une foule d'artistes, auxquels il prescrivit de s'adonner à la pratique de l'art qu'ils avaient exercé auparavant.

« il faut qu'elle y fasse retentir bien haut le « signal du réveil, et qu'elle arbore les fanaux « du ralliement pour le voyageur égaré par « les ténèbres.... Cette façade de l'édifice « doit donc rappeler les notions fondamentales « de l'enseignement chrétien, et surtout pré- « senter à nos regards Celui qui est *la voie, la* « *vérité et la vie;* Celui qui est l'unique entrée « à la science divine et à la gloire qui en est « le terme. »

Entrons dans quelques détails. Les chapitaux nous racontent, d'après les évangiles apocryphes, la naissance et la vie de la très-sainte Vierge et de son divin Fils; ils commencent au refus de l'offrande de saint Joachim, et finissent à la mission donnée aux apôtres sur la montagne des Oliviers. — Ces chapiteaux ont beaucoup souffert de la main du temps et de celle des hommes; un grand nombre de têtes surtout ont été brisées. Dans les statuettes bien conservées, on remarquera avec quel bonheur et quelle justesse les moindres détails sont rendus.

Sur le tympan de la porte latérale de gauche, se voit l'Ascension de Jésus Christ. Les apôtres, pieds nus, au nombre de dix (la place manquait pour en mettre douze), sont assis à la première zone du tympan; ils regardent en haut. Au-dessus d'eux, *quatre* anges descendent du ciel et semblent dire : « Hommes de Galilée, pourquoi restez-vous « en extase les yeux vers le ciel? » Dans le haut du tympan Jésus monte vers son Père ; ses pieds posent sur un nuage qui le dérobe à la vue de ses apôtres; deux anges l'accompagnent. — La voussure est ornée d'un calendrier de pierre, c'est-à-dire des douze mois de l'année et des douze signes du zodiaque; c'est comme un hommage rendu au souverain Maître des temps. Les mois sont suivis des signes correspondants du zodiaque; mais qu'on le remarque bien, il n'y a ici ni bévues, ni transpositions, comme on l'a imprimé si souvent; seulement le sculpteur n'ayant place que pour dix signes, en a mis deux à la voussure de la porte latérale de droite, où ils n'ont, il est vrai, aucun sens. (Le savant Alexandre Lenoir pensait que les tableaux qui figurent les douze mois de l'année, représentent les douze travaux d'Hercule! (1) Quelles bizarres interprétations on donnait jadis aux sculptures chrétiennes de nos églises du moyen-âge! Quelle profonde ignorance cela suppose!)

Après la vie terrestre du Sauveur, vient sa vie céleste. Elle est figurée sur le tympan et la voussure de la porte royale, sur les parois et les chambranles de cette même porte et des deux portes latérales. Jésus-Christ y a pour cortége les quatre évangélistes, les douze apôtres, les vingt-quatre vieillards de l'apocalypse, les anges, les prophètes et une foule d'autres saints et de saintes. — Dans le tympan de la porte centrale, Jésus-Christ est assis sur son trône, environné d'une auréole de gloire; un escabeau, symbole de la terre, est sous ses pieds; il donne au monde la grâce et la science... A ses côtés, se trouvent les quatre animaux évangéliques, aîlés comme le veut l'iconographie chrétienne. — Au-dessous de J.-C., sont placés, réunis

(1) Rapport sur la cathédrale de Cambrai lu à l'Académie celtique, le 29 septembre 1806.

trois par trois dans une niche trilobée, les douze apôtres. — La voussure est ornée de trois cordons de statuettes. Le premier est formé de douze anges émergeant des nuages; le second et le troisième sont remplis par les vingt-quatre vieillards de l'apocalypse, « avec « des couronnes sur la tête et tenant en mains « des instruments de musique pour chanter « aux noces de l'Agneau (apocal. IV, 4). » Les instruments de musique sont d'un travail exquis et fort curieux.

Après les évangélistes et les apôtres, après les anges et les saints vieillards, le divin Sauveur voit se grouper autour de lui, en statues colossales, les Saints de l'ancien et du nouveau Testament qui sont associés à sa gloire dans le Ciel. Ils sont au nombre de dix-neuf (1); ils n'ont pas d'attributs pour les distinguer; partant il est difficile de leur donner un nom; cependant, s'il est permis de juger, d'après des manuscrits et des monuments du XIIe siècle, il y a Isaïe, Ezéchiel,

(1) Il y avait jadis vingt-quatre statues; cinq ont été détruites par l'action du temps.

Esther, Judith, Bethsabée, la reine de Saba, saint Pierre, saint Constantin, saint Charlemagne, saint Henri, sainte Marthe, sainte Marie-Madeleine, sainte Hélène, sainte Clotilde, sainte Pulchérie, sainte Radegonde, etc.

Ces dix-neuf statues offrent un grand intérêt pour l'histoire de l'art. Toutes ont des bustes allongés, des corsages élevés, des membres grêles et presque décharnés, une certaine immobilité dans la pose, les pieds et les genoux sans perspective, peu de mouvements dans les draperies plissées à la mode byzantine (1) ; mais en compensation, elles présentent une délicatesse et une habileté inimitables dans les détails, une naïveté charmante, une expression profondément chrétienne ; on dirait que l'artiste a dédaigné de s'attacher aux formes matérielles pour re-

(1) Au XIIe siècle, le style byzantin dominait en architecture et en sculpture ; c'est même alors qu'il présenta son développement le plus complet. Tout le monde est d'accord aujourd'hui pour penser que les incessantes pérégrinations en Orient, à l'époque des Croisades, ont contribué puissamment à introduire le style byzantin parmi nous.

chercher des beautés d'un autre ordre. L'idéal, le mysticisme seul domine, et nous montre des corps spiritualisés et glorifiés dans le ciel.

Enfin, le cortége de Jésus triomphant est complété par les saints qui sont sculptés, en statuettes charmantes, sur les chambranles des trois portes.

Les artistes chrétiens du XIIe siècle, en sculptant le porche du Seigneur Jésus, n'ont pas oublié la très-sainte Vierge. C'était l'époque où la parole si puissante et si douce de saint Bernard venait d'embraser tous les cœurs d'un amour inépuisable pour la glorieuse Reine des Anges. Le tympan et la voussure de la porte latérale de droite lui sont donc consacrés. Le tympan offre dans sa partie supérieure la bienheureuse Marie, assise sur un trône et tenant son divin Fils sur son giron. Jésus bénit de sa main droite, et sa gauche repose sur la boule du monde. A côté de Marie, il y a deux anges thuriféraires. — Dans les deux zônes inférieures du tympan, l'artiste a reproduit quelques-uns des principaux épisodes de la vie de la très-sainte Vierge, son Annonciation, sa Visitation à sainte Elisabeth, la Naissance de son Fils, sa Purification. Tout cela est traité avec des détails curieux et une délicatesse qui étonne. — La voussure est décorée d'un double cordon de statuettes décernant leurs hommages à la Reine des cieux : elles représentent des anges et les symboles des sept arts libéraux, savoir : la musique, l'arithmétique, la rhétorique, la géométrie, la dialectique, l'astronomie et la grammaire. — Ces représentations allégoriques sont admirablement traitées.

7. GALERIE ROYALE. — Le pignon du portail principal est orné d'une suite de niches connue sous le nom de *Galerie royale*. Dans ces seize niches s'élèvent les statues colossales des rois de France, bienfaiteurs de l'église chartraine, savoir : Clovis Ier, Clotaire Ier, Sigebert Ier, Gontran, Théodoric, Clovis II, Carloman, Pépin-le-Bref, Charles-le-Chauve, Philippe Ier, Louis-le-Gros, Louis-le-Jeune, Philippe-Auguste, Louis-le-Lion, saint Louis et Philippe-le-Hardi. C'était l'usage du moyen-âge : « Elevés au-dessus des portes,

« dit le savant Hurter, on voit les princes « fondateurs ou bienfaiteurs de l'église ; de « là ils semblent planer sur les générations « qui ne cessent d'entrer dans la maison de « l'honneur, du salut et de la paix : là est « aussi placée la suite des souverains qui ont « regardé la protection de cette maison comme « le plus sacré de leurs devoirs (1). »

Au-dessus de la galerie royale et dans une niche à arcade trilobée se trouve la statue colossale de la Mère de Dieu, tenant son Enfant sur les bras. A ses côtés sont deux anges agenouillés qui l'encensent. — A l'amortissement du pignon, s'élève la statue colossale de Jésus-Christ bénissant la ville et le monde.

Transportons-nous maintenant à la façade septentrionale, à celle qui termine le transept du côté du palais épiscopal.

8. PORCHE. — Le porche septentrional se projette en avant-corps par une forte saillie. Il a été construit aux frais de saint Louis et

(1) Tableau des institutions et des mœurs au moyen-âge, tom, III, p. 304.

de la famille royale, sous la direction de Pierre de Montereau. Il est percé de trois baies principales qui correspondent aux trois portes du transept. Toutes ses parties, piliers, colonnettes, tympans, voussures, niches, sont couvertes de statues et de statuettes, au nombre d'environ sept cents (1). Il est dédié à la très-sainte Vierge comme dans presque toutes les grandes églises du XIIIe siècle. Il raconte en pierres la généalogie charnelle et spirituelle de Marie, ses prérogatives, ses vertus, ses occupations, sa vie, sa mort, son assomption, son couronnement dans le ciel. De plus, il nous montre les personnages figuratifs de l'ancienne loi. L'opposition des deux Testaments, par le rapprochement de la figure et de la réalité, est une grande idée théologique dont les artistes chrétiens se sont inspirés en tous les siècles, mais surtout au moyen-âge.

(1) On a cru que ce porche menaçait ruine ; et depuis 24 ans, il est étayé d'une manière ignoble. Quand fera-t-on disparaître ces grossiers étais qui déshonorent cette œuvre merveilleuse du XIIIe siècle ?

Sur le trumeau de la porte centrale, s'élève la statue colossale de sainte Anne, tenant la petite Marie dans ses bras. Sous le socle, on voyait saint Joachim au milieu de ses troupeaux et un ange lui annonçant qu'il aurait bientôt une fille ; ce sujet a été presque entièrement détruit. — Les parois ou latéraux de cette porte sont garnis de dix statues colossales représentant les illustres personnages de l'ancien Testament qui ont figuré ou prophétisé la naissance de J.-C., sa Passion, sa Mort, sa Résurrection, son Sacerdoce. Ces personnages font cortége à la très-sainte Vierge : il semble que le XIIIe siècle ait voulu identifier le Fils avec la Mère. En commençant à gauche, on trouve Melchisédech, Abraham, Moïse, Samuel, David, Isaïe, Jérémie, Siméon, saint Jean-Baptiste, et saint Pierre vêtu en pape (1). On remarquera que les cinq statues qui se dressent à

(1) Les mêmes statues existent à Reims, à la porte latérale de droite de la façade occidentale ; elles ressemblent tellement aux nôtres, qu'on les dirait sculptées par le même ciseau.

gauche tiennent une image figurative de J.-C., et que les cinq statucs de droite portent Jésus lui-même. Près de saint Pierre, on voit le prophète Elie et, près de Melchisédech, Elisée. — D'autres personnages figuratifs de Jésus se dressent encore sur les parois, sur le tympan et sur la voussure de la porte latérale de droite ; sur les parois, on trouve Samson, la reine de Saba, Salomon, Jésus de Sirach, Judith et Gédéon Au tympan de la même porte, la première zone représente Salomon jugeant les deux mères ; la seconde offre Job sur son fumier. La voussure se compose de plusieurs cordons de statuettes et de tableaux fort curieux. Le premier cordon est formé de douze anges rendant leurs hommages à J.-C. qui apparaît à Job (2). Le second cordon offre huit tableaux dont les quatre de gauche racontent l'histoire de Samson, et les quatre de droite, celle de Gédéon. Le troisième cordon raconte,

(2) Que le lecteur ne soit pas surpris de voir ici N. S. J.-C. apparaître à Job ; c'est l'enseignement des docteurs de l'Eglise.

en douze groupes, l'histoire d'Esther et de Judith, toutes deux libératrices de leurs peuples, comme J.-C. — Le quatrième cordon est composé de douze tableaux ou groupes et nous donne l'histoire de Tobie, lequel, d'après les commentateurs, est l'image de la miséricorde du divin Sauveur. — A l'extrémité extérieure, les imagiers du XIIIe siècle ont sculpté les douze mois de l'année, les douze signes du zodiaque et les représentations allégoriques de l'été et de l'hiver. Toutes ces sculptures méritent de fixer l'attention des artistes et des pélerins.

Retournons maintenant à la porte centrale pour en examiner la voussure. Après le cordon des anges, on trouve quatre cordons de statuettes représentant les 24 ancêtres de Marie, selon la chair, et les 24 prophètes qui l'ont annoncée et qui sont ses ancêtres selon l'esprit. Ces quatre cordons forment un bel *arbre de Jessé* sculpté en pierre, comme une fenêtre du portail royal nous offre le même arbre peint sur verre : ici comme là, les ancêtres, selon la chair, sont encadrés entre deux rangs de prophètes. La tige généalogique, sculptée avec un art ingénieux, commence au quatrième cordon à gauche et se continue dans toute la longueur de ce cordon et du troisième. C'est entre les pieds du vieux Jessé que l'arbre prend racine. De là, il s'élève en deux branches qui se croisent, s'écartent et se recroisent pour laisser un espace vide, où se trouve un ancêtre de Marie. Le même arbre, sculpté probablement par le même imagier, se voit à la porte principale de l'admirable cathédrale de Laon. — Après l'arbre de Jessé viennent deux cordons de 44 statuettes qui représentent le genre humain rendant hommage à la très-sainte Mère de Dieu. — Enfin, les deux derniers cordons sont consacrés à l'œuvre merveilleuse de la création et à l'histoire de notre premier père ; c'est le premier chapitre de la Genèse, traduit en pierre, œuvre admirable comme art et comme pensée, et qui prouve que rien n'embarrassait les merveilleux artistes du moyen âge. Il est vrai qu'ils se laissaient diriger par les évêques et par les prêtres, gardiens de la vraie science.

Les parois de la porte latérale de gauche ont six statues colossales. Les trois de gauche représentent l'*Annonciation* : l'archange Gabriel annonce à Marie qu'elle va devenir mère de son Dieu ; derrière l'archange se tient le prophète Isaïe. — Les trois statues de droite forment le groupe de la *Visitation* : Marie ouvre les bras pour y recevoir amoureusement sa cousine Elisabeth ; sous les pieds de Marie, le buisson ardent est sculpté. Le prophète Habacus se tient derrière sainte Elisabeth. Ces six statues sont fort belles ; on admire surtout la manière savante dont les draperies sont agencées. — Le tympan est divisé en deux zones, il raconte la naissance de Jésus-Christ et le réveil des bergers de Bethléem, l'adoration et la vision angélique des Mages. Ces quatre scènes sont éclairées par des anges qui portent des flambeaux. — Retournons encore un instant à la porte centrale pour voir et admirer les trois tableaux racontant la *Mort*, l'*Assomption* et le *Couronnement* de la très-sainte Vierge. Les trois tableaux sont encadrés dans un cordon composé de douze anges.

Il nous faut retourner une dernière fois à la baie latérale de gauche ; nous y verrons les dix vierges de l'Evangile, les douze fruits du Saint-Esprit, les diverses occupations de la vie active et de la vie contemplative, et enfin les quatorze béatitudes de l'âme et du corps. Tout cela est figuré par des statuettes et des tableaux. Nous voudrions pouvoir les décrire ici ; mais il faut que nous réservions cette description pour la grande MONOGRAPHIE. — Il nous reste à indiquer les statues colossales qui se dressent contre les piliers du porche, et qui représentent les princes et les princesses fondateurs ou bienfaiteurs du porche : on y voit saint Louis, saint Ferdinand, sainte Isabelle, le roi Louis VIII, Philippe comte de Boulogne, Mahaut, sa femme, et Philippe-le-Hardi. Parmi les statues qui ont été brisées, on voyait sans doute la reine Blanche de Castille et la reine Marguerite, femme de saint Louis. C'était une coutume au XIIIe siècle de placer les bienfaiteurs au début ou au bas des œuvres que, par leurs libéralités, ils avaient fait construire ; c'est ainsi que presque sur toutes les verrières sont figurés les donateurs. Ils ne sont pas mêlés à la compagnie des Bienheureux, mais ils semblent soupirer après le moment qui doit les réunir avec eux dans le ciel. Un autre usage de l'art chrétien, c'est de faire accompagner les donateurs par des saints qui paraissent les prendre sous leur patronnage : ici ce sont des prophètes qui accompagnent et patronnent les princes et les princesses.

Les piédestaux, qui portent les statues des donateurs et des prophètes, sont couverts de demi-reliefs qui racontent l'histoire de David et celle de Samuel et d'Héli, ou qui figurent les arts et les sciences. Nous les recommandons à l'attention des amis de l'iconographie du moyen-âge.

Nous nous taisons sur une foule de détails intéressants, afin d'aller tout de suite étudier la façade méridionale, la plus admirable qui existe dans l'univers ; en effet, les lignes architecturales se montrent ici plus saisissantes et plus harmonieuses qu'ailleurs ; la statuaire en est aussi plus finie, plus vivante, plus expressive : nous aimons à y contempler toute la magnificence de la pensée catholique, exprimée avec un rare bonheur et une habileté ravissante.

9. — Façade méridionale. — Nous ne parlerons que du porche, dont les généreux donateurs sont Pierre Mauclerc, comte de Dreux (1) et sa femme Alix, duchesse de Bretagne. Ils sont représentés sous le socle du trumeau de la porte centrale. Les travaux ont dû commencer vers 1216.

Le porche est consacré à Jésus-Christ venant dans sa gloire juger à la fin des siècles les vivants et les morts. Le divin Juge est assis sur un trône, entouré de sa Mère, de ses douze Apôtres, des neuf chœurs des Anges, des Martyrs, des Confesseurs, des Prophètes, des Vierges, des vingt-quatre Vieillards-Rois ; ces divers ordres de bienheureux sont sculptés sur les parois, les voussures et les piliers des trois baies du porche. Les anciennes litanies des saints ont servi de programme aux sculpteurs.

C'est accompagné de ce magnifique cortége que Jésus-Christ vient juger tous les hommes,

(1) Joinville l'appelle souvent *le bon comte Pierre de Bretagne*. Il mourut en mars, au retour de la croisade, l'an 1250.

donnant le ciel aux bons, et envoyant les méchants aux enfers, instruction pleine de grandeur offerte avec un majestueux ensemble sous les yeux du fidèle. Le jugement dernier est le sujet qui a le mieux inspiré les artistes du moyen-âge; on peut même affirmer que ce tableau est le triomphe de la sculpture chrétienne; et nous ne craignons pas de dire que le *Jugement dernier* de Chartres est le chef-d'œuvre du genre. Entrons dans quelques courts détails.

Sur le trumeau s'élève la statue colossale de Jésus-Christ, foulant aux pieds le lion et le dragon; autour de lui, sur les parois, on voit les douze apôtres portant leurs divers attributs. Sur la paroi de gauche, il y a saint Pierre avec ses clefs, saint André avec sa croix, saint Thomas, saint Philippe, saint Matthieu et saint Simon, tenant une épée comme les trois précédents. Sur la paroi de droite, il y a saint Paul avec l'épée, saint Jean vêtu en prêtre, saint Jacques-le-Majeur portant la pannetière coquillagée, saint Jacques-le-Mineur avec sa longue massue, saint Barthélémi tenant un coutelas, et saint Judde ou Thaddée avec un livre.

Sur le tympan se trouve Jésus assis comme Juge sur un trône. A ses côtés, se tiennent assis Marie et St-Jean , le disciple bien-aimé (1) ; ils intercèdent avec la force de leur amour pour les pauvres mortels. Autour de N.-S., six anges portent les instruments de sa douloureuse passion. — A l'étage inférieur du tympan, il y a deux scènes : 1° *le pèsement des âmes* par saint Michel : dans un bassin est une âme sous la figure d'un petit enfant ; dans l'autre, il y a, comme poids absolu, un petit diable et deux horribles crapauds, emblêmes des péchés mortels ; 2° *la séparation des Justes et des Méchants* : à droite de saint Michel est représentée la glorieuse armée des laïcs, des moines, des vierges, des prêtres, des évêques et des rois, que leurs anges gardiens mènent ou portent dans le *sein d'Abraham* , figuré au second cordon de la voussure ; à la gauche de saint Michel, ce sont les réprouvés, conduits par d'affreux démons

(1) A Reims et dans quelques autres cathédrales, l'imagier a placé saint Jean-Baptiste à la gauche de N. S. J.-C. — Là Marie et saint Jean sont agenouillés.

dans l'enfer, figuré par une énorme gueule de dragon vomissant des flammes : c'est un tableau saisissant.

A droite et à gauche de Jésus-Christ, le second rang des statuettes de la voussure représente les morts qui sortent de leurs tombeaux pour paraître devant le tribunal du Seigneur. Ici la *résurrection des morts* nous paraît moins bien rendue que dans les tableaux analogues qui se voient aux cathédrales de Reims, de Paris, de Poitiers, de Bourges et d'Amiens. — Au-dessus de la résurrection, ce sont les neuf chœurs des anges; il y a quatre *Chérubins*, quatre *Séraphins*, six *Dominations*, huit *Puissances*, cinq *Principautés* ou cinq *Vertus*, cinq *Archanges* et douze *Anges*. Les *Trônes* qui manquent ici, sont placés au cordon externe des deux baies latérales. — Le sixième cordon de la voussure se compose de 28 statuettes accouplées deux à deux et représentant les Prophètes de l'ancien Testament ; on y distingue David, Salomon et la reine de Saba. — Le septième et dernier cordon contient quatorze statuettes, admirables d'exécution : ce sont les Vierges chrétiennes qui ont vaincu dans les nobles combats pour la chasteté ; elles tiennent en main une fleur de lys, symbole de leur virginité.

La baie latérale de gauche est consacrée à la blanche armée des Martyrs. Décrivons-la rapidement. Nous prions le lecteur de se rappeler que nous ne lui offrons ici qu'une table analytique des matières à traiter. — Sur le tympan et sur la première zône de la voussure, se déroule en trois tableaux l'histoire de saint Etienne, premier Martyr. En commençant à gauche, on trouve 1° saint Etienne disputant contre les docteurs ; 2° saint Etienne entraîné hors de Jérusalem ; 3° saint Etienne lapidé par les Juifs. Dans le haut du tympan, Jésus est sculpté de grandeur naturelle. — Les parois de la baie sont décorées de huit statues colossales qui représentent les plus célèbres martyrs honorés dans l'église de Chartres. A gauche, on voit *saint Théodore* en cotte de maille et appuyé sur son bouclier, *saint Etienne* vêtu en diacre, le pape *saint Clément* avec la tiare pointue du moyen-âge, et *saint Laurent* en costume diaconal. A droite, c'est *saint Vincent* diacre, *saint Denis* évêque de Paris, *saint Piat* apôtre de Tournai, et *saint Georges* vêtu comme *saint Théodore.* Les artistes admireront sans doute les statues de saint Georges et de saint Théodore ; nous ne connaissons nulle part ailleurs des guerriers sculptés avec tant d'art. — Les cinq premiers cordons de la voussure sont ornés de 38 statuettes représentant toute la hiérarchie des martyrs ; on y voit les saints Innocents, les Machabées, puis des simples Fidèles, des Lévites, des Prêtres, des Evêques, des Rois, des Empereurs et des Papes. — Le sixième cordon offre la parabole des Vierges : à gauche sont les cinq Vierges sages tenant leurs lampes allumées; à droite les cinq Vierges folles avec leurs lampes renversées et éteintes, image des chrétiens sans foi et sans bonnes œuvres. — Le septième cordon se compose de dix Anges qui sont là pour compléter leur hiérarchie. — La voussure est soutenue par deux piliers carrés, ornés de délicats et curieux bas-reliefs encadrés par d'élégants rinceaux de vignes. Le pilier de gauche offre 24 scènes (six sur chaque face) qui représentent le supplice des saints Martyrs nommés dans les grandes litanies de l'église de Chartres. Le pilier de droite donne douze des 24 Vieillards-Rois de l'apocalypse, et 12 Allégories aussi charmantes que naïves ; elles représentent les Vertus mises en opposition avec les vices : la Foi et l'Infidélité, l'Espérance et le Désespoir, la Charité et l'Avarice, la Chasteté et la Luxure, la Sagesse et la Folie, l'Humilité et l'Orgueil.

La suite de ces admirables allégories se trouve sur deux faces du pilier de droite de l'autre baie latérale ; transportons-nous-y. On y voit la Docilité et l'Indocilité, la Douceur et la Colère, la Force et la Lâcheté, la Persévérance et l'Inconstance, la Tempérance et l'Ivrognerie, la Concorde et la Discorde. Les deux autres faces contiennent les douze autres Vieillards-Rois. — Cette baie latérale de droite est consacrée aux confesseurs ; les huit statues colossales, qui s'y dressent entre socles et dais, représentent, en commençant à gauche, saint Laumer, abbé dans le Perche (cette statue est du XIVe siècle), saint Léon avec la tiare pointue, saint Ambroise en costume archiépiscopal, saint Nicolas, foulant sous ses pieds le cruel hôtelier qui assassina les trois étudiants ressuscités par lui, saint Martin en archevêque, saint Jérôme tenant une longue banderolle, saint Grégoire-le-Grand avec une colombe sur l'épaule, et saint Avit, abbé de Micy (cette statue est aussi du XIVe siècle; on remarquera la différence énorme qu'elle présente avec les statues du siècle précédent; les vêtements sacrés ont déjà pris une forme mesquine et pauvreteuse). — Le tympan offre à gauche, 1° saint Martin donnant la moitié de son manteau, 2° saint Martin couché et voyant le Sauveur revêtu de cette moitié de manteau. A droite, il y a 1° saint Nicolas jetant de quoi doter les trois filles d'un gentilhomme ruiné, et 2° son tombeau d'où coule l'huile miraculeuse qui guérit tous les malades.

La voussure de cette baie nous donne d'abord la curieuse histoire de St Gilles, ensuite toute la hiérarchie des confesseurs, simples fidèles, guerriers, moines, lévites, sous-diacres, diacres, prêtres, abbés, évèques, archevêques, rois, empereurs et papes, qui portent tous le nimbe de la sainteté. — A l'extrémité de la voussure, il y a un cordon de dix statuettes représentant dix apôtres (la place manquait pour en placer douze). — Enfin dans la gorge externe, dix anges rendant leurs hommages à la glorieuse armées des confesseurs.

Maintenant jetons un coup d'œil sur les vingt-quatre tableaux sculptés sur le pilier de droite, et exécutés avec une délicatesse merveilleuse; ils représentent des faits tirés de la vie des confesseurs; nous ne pouvons les décrire ici; cette description trouvera sa place dans la grande Monographie. — L'entablement du porche est surmonté d'une riche galerie avec dais et pinacles; elle renferme dix-huit statues colossales représentant les rois de Juda, ancêtres de Jésus-Christ; ils sont placés dans l'ordre de la généalogie, d'après saint Matthieu, commençant par David et finissant par Jéchonias. — Différentes parties du porche sont décorées de pampres de vigne chargés de leurs fruits, motif d'ornementation assez souvent employé dans les mosaïques et les peintures murales des catacombes et des anciennes églises de Rome : c'est un symbole expressif du Sauveur, de l'Eglise et de l'Eucharistie. — Encore un mot avant d'entrer dans l'intérieur de la cathédrale. Si l'on veut examiner avec attention le grand nombre des statues qui peuplent les trois façades de notre cathédrale, on se convaincra que plusieurs centaines sont à peu près irréprochables sous le rapport des règles de l'art, et que, au point de vue de la composition, elles supposent des connaissances très-étendues en théologie, en histoire et en interprétation biblique. Chez les pieux imagiers du moyen-âge, la science des idées et des faits surpasse éminemment celle des sculpteurs païens de Rome et d'Athènes, dont les ouvrages parlent aux yeux, mais ne disent rien à l'intelligence.

CHAPITRE III.

Description de l'intérieur.

1. Si l'on entre par la porte royale, un spectacle imposant et harmonieux nous frappera d'abord. On peut le dire sans crainte d'être démenti, aucun autre temple, pas même Saint-Pierre de Rome, ne produit une

plus profonde impression : sous ces voûtes colossales la pensée s'élargit, devient chaste et recueillie ; on sent qu'on entre dans une atmosphère de prière et de piété ; l'âme y respire la majesté du Dieu qu'on y adore : il faut se prosterner, il faut croire, il faut dire comme Jacob : *C'est vraiment ici la Maison de Dieu et la Porte du Ciel*. Aussi, ne sommes-nous pas étonné si Napoléon Ier, en entrant dans la cathédrale, s'écria : *Un athée doit se trouver mal à l'aise ici !* — Aux sentiments de piété et d'admiration qu'inspire l'aspect de notre cathédrale, vient se joindre le souvenir des faits mémorables dont elle a été le théâtre. Trois papes, presque tous nos rois, une multitude de cardinaux, d'évêques, de saints et d'illustres personnages, un nombre prodigieux de pèlerins de tout âge et de tout pays, y sont venus présenter leurs hommages à la Reine des Cieux.

2. ARCHITECTURE. — Cinquante-deux piliers isolés et quarante demi-piliers liés par des murs soutiennent la cathédrale dans toute son étendue et en forment l'ordonnance pittoresque. Parmi les piliers, trente-deux

sont formés alternativement d'un cylindre ou d'un prisme octogone, cantonnés de quatre colonnes rondes ou prismatiques qui se détachent aux cinq sixièmes. Trois de ces colonnes reçoivent, sur le tailloir de leurs chapiteaux, les retombées des arcs-doubleaux des travées et des bas-côtés ; la quatrième supporte cinq colonnettes s'élançant jusqu'au milieu des fenêtres supérieures, où elles reçoivent à leur tour les archivoltes et les nervures de la voûte principale. Ainsi partant du sol, ces colonnettes légères jaillissent en gerbes jusqu'au faîte de l'édifice et en rattachent mystérieusement tous les membres. — Autour du chœur, il y a seize grosses colonnes alternativement rondes ou octogones : Ces colonnes que les Anglais appellent *piliers normands*, sont assez rares en France ; nous n'en connaissons que dans les cathédrales de Paris, de Laon et de Soissons. — Les quatre énormes piliers du transept, qui devaient soutenir le clocher central, sont couverts de nombreuses colonnettes s'élançant du pavé jusqu'à la voûte. — Les 40 demi-piliers sont presque tous composés d'un prisme carré dont la face antérieure est ornée d'une colonne, et dont les deux angles sont évidés en colonnettes. Les bases des piliers ont des socles carrés ou octogones, et la plupart de leurs angles sont ornés de feuilles larges que les archéologues nomment *pattes* ou *griffes* ; le tore inférieur est fort développé , et le profil de la scotie est profondément creusé de manière à former un petit canal ; on sait que c'est là un des caractères du style ogival des premières années du XIIIe siècle. Les bases des colonnettes s'unissent avec les bases des piliers et n'en forment pour ainsi dire qu'une seule. Les chapiteaux sont riches et variés ; presque toujours les volutes ou crochets alternent avec des feuilles ; les sculpteurs ont imité assez la nature, pour que l'on puisse reconnaître les espèces de cette flore architecturale ; nous en avons compté plus de vingt : chêne, lierre, renoncule, nénuphar, laurier, etc.

Dans sa hauteur la cathédrale est divisée en trois parties : il y a d'abord les travées qui donnent passage sous les bas-côtés ; au-dessus règne la galerie ou triforium formant une élégante ceinture ; enfin vient la claire-voie. — L'église est éclairée par 125 grandes fenêtres, 3 roses immenses, 35 roses moyennes et 12 petites. — Les voûtes de la nef et du chœur sont les plus larges et les plus hardies de la France, et leur solidité ne le cède point à leur hardiesse : sept siècles et le terrible incendie de 1836 l'ont bien démontré. Elles sont formées de voûtes partielles en ogive, dont les arêtes reposent sur des arcs-doubleaux et des nervures croisées ; plus on les étudie, plus on demeure émerveillé de l'habileté qu'elles révèlent.

3. — Le Pavé. — Le pavé de la cathédrale est dépourvu de tout intérêt au point de vue de l'art. Il est composé de grandes dalles en pierres de Berchères de différentes dimensions ; ce qui forme un pavage irrégulier mais sévère qui convient parfaitement à l'édifice. — Au milieu de la nef, on voit incrusté, dans le pavé, un *labyrinthe* ou *chemin de Jérusalem*; on l'appelle vulgairement la *lieue*, non, parce qu'il a une lieue de développement, mais parce que, en suivant la ligne de pierres blanches et en récitant les prières indiquées, nos pères mettaient une heure pour terminer ce pèleri-

nage de Jérusalem en miniature. Des indulgences nombreuses y étaient attachées. Ces labyrinthes étaient autrefois assez communs dans les grandes églises (1) ; ils ont été détruits au siècle passé ; le nôtre est le seul qui subsiste encore. Il est parfaitement rond ; celui de Poitiers était ovoïde ; celui de l'église abbatiale de Saint-Omer était carré ; ceux de Reims, d'Amiens et d'Arras étaient octogones. — Le pavé de la nef est hérissé de barrières ou balustrades qui déparent singulièrement notre belle cathédrale. A Rome, dans presque toute l'Italie et une partie de l'Allemagne catholique, les églises ne connaissent ni barrières, ni bancs, ni chaises ; aussi paraissent-elles beaucoup plus belles et plus vastes; rien n'y choque les yeux, rien n'y brise les lignes architectoniques. — Avant de quitter le pavé, constatons une opinion populaire : derrière le chœur, il y a une dalle qui contient un carré de pierre scellée avec du mastic noir. *Or*, dit-

(1) A Reims, il y avait un livre de prières imprimé sous le titre de *Station au chemin de Jérusalem qui se voit en l'église de Notre-Dame de Reims.*

on, *lorsque le Vendredi-Saint on crache sur ce carré, il en sort du sang*. Il n'est pas nécessaire de dire qu'il n'en est rien.

Nous ne parlerons pas du mobilier de la cathédrale ; il n'offre rien qui soit digne d'attirer l'attention, si ce n'est l'orgue dont le vaste buffet date de 1650. La chaire, les stalles, les confessionnaux, le chemin de la croix, tout est vulgaire.

4. — Le Jubé. — La cathédrale de Chartres avait autrefois le plus magnifique jubé que le XIIIe siècle ait vu construire. C'était un don royal de saint Louis, et probablement l'œuvre de Pierre de Montereau, architecte de la Sainte-Chapelle de Paris. « Le chœur, « dit l'historien Pintard, est fermé par la base « d'un haut pupitre de pierre appelé *jubé* ou « *ambon*, qui a douze toises de long, sur deux « toises de large, auquel on monte par deux « escaliers de pierre tout droits, entre lesquels « est percée la porte du chœur. Ce pupitre « est ouvragé tout autour d'histoires de l'ancien et du nouveau Testament, de figures et « de compartiments en reliefs. Dix colonnes « taillées d'une seule pierre chacune, et fort

« menues, avec leurs bases et leurs chapiteaux « reliés par des arcades, soutiennent la pesan-« teur de ce pupitre. »

Cette merveille n'existe plus : à une époque où l'art païen de Rome et d'Athènes régnait sans conteste, on décida froidement que le jubé disparaîtrait ; la décision fut exécutée dans la nuit du 24 au 25 avril 1763 (1). Les débris servirent de gravois pour niveler le sol ; et les tableaux sculptés, ayant été retournés, firent office de dalles aux trois entrées du chœur. C'est là qu'ils ont été retrouvés en 1849. Ils sont aujourd'hui déposés dans la chapelle de saint Martin, où ils forment un musée fort intéressant à visiter. On verra que plusieurs de ces tableaux en pierre peuvent aller de pair avec ce que la sculpture ancienne a fourni de plus beau.

Pour remplacer l'admirable jubé, on éleva

(1) La France n'a conservé qu'une douzaine d'anciens jubés ; tandis que la protestante Angleterre possède encore tous ceux que le moyen-âge catholique y a élevés. La Belgique en possède aussi un grand nombre ; le plus beau que nous y ayons vu, est celui de la cathédrale de Tournai.

deux massifs en pierre de Tonnerre, sur lesquels furent sculptés, par P. Berruer, le Baptême de N. S. J. C., et l'Annonciation de la très-sainte Vierge. Ces deux massifs ont disparu en 1867, et une simple grille dorée, dans le style de l'église, ferme le chœur. On jouit aujourd'hui librement de la vue des cérémonies sacrées ; mais l'édifice a perdu de sa mystérieuse profondeur. — Avant de pénétrer dans le chœur, examinons-en la riche clôture.

5. — La clôture du Chœur. — Elle est la partie la plus admirée de la cathédrale par les nombreux visiteurs qui y affluent de tous les pays du monde. « Lorsqu'on parle des clôtu-
« res du chœur, dit Berty, dans son *Diction-*
« *naire de l'architecture du moyen âge*, il
« est impossible de ne pas citer celle de Char-
« tres, qui est sans doute la plus magnifique
« qui existe. Les formules élogieuses man-
« quent pour qualifier cet admirable ou-
« vrage. »

En examinant la clôture, on devra se dire que si le XVIe siècle avait perdu la première qualité du style religieux, qui est une noble simplicité, il a su au moins se créer un caractère spécial par le luxe et la finesse exquise de l'ornementation. Les colonnettes, les arcatures, les frontons, les clochetons, les aiguilles se pressent et s'unissent étroitement. Les rinceaux, les enroulements et les arabesques offrent les dessins les plus capricieux et dont les détails échappent au récit comme au regard. Les animaux les plus bizarres, les génies les plus fantastiques, les personnages liliputiens se déroulent ou s'échelonnent sur les colonnettes et les pieds-droits. Tout cela forme la plus étonnante décoration que l'on puisse voir. On passerait des heures entières à considérer ces détails gracieux et toujours nouveaux, à se demander comment le ciseau a pu trouver tant de formes élégantes sans les répéter jamais. Quarante groupes historiés, sous de riches baldaquins, forment le couronnement de la clôture ; ils représentent les principaux faits de la légende de la très-sainte Vierge et de l'histoire évangélique. Nous ne ferons qu'indiquer les sujets de ces groupes, sans les décrire.

I. L'apparition de l'Ange à saint Joachim,

lui annonçant la naissance d'une fille en qui l'Esprit-Saint reposera.

II. L'apparition de l'Ange à sainte Anne, lui disant de se rendre à la Porte dorée du temple de Jérusalem.

III. Rencontre de saint Joachim et de sainte Anne à la Porte dorée : ils s'embrassent tendrement.

IV. Nativité de Marie qui annonce la joie au monde.

V. Sa Présentation au temple, elle est accompagnée par saint Joachim et sainte Anne.

VI. Le Mariage de Marie avec saint Joseph ; tous les personnages de ce groupe sont richement costumés; la sainte Vierge est couronnée de roses.

VII. L'Annonciation, Marie est agenouillée devant un prie-Dieu.

VIII. La Visitation de sainte Elisabeth. — Entre ce groupe et le suivant on voit, soutenu par deux anges, le cadran d'une horloge fort ingénieuse qui indiquait les heures, les jours, les mois, le lever et le coucher du soleil, l'âge de la lune et les signes du zodiaque ; il n'en reste que trois ou quatre rouages, le surplus a été enlevé en 1793. A côté est la tourelle de l'escalier qui permettait de monter à l'horlog.

IX. Saint Joseph est tiré de son doute par un Ange qui lui apparaît pendant son sommeil. Marie coud ; un livre est ouvert sur ses genoux, et un *chapelet* est suspendu à sa ceinture.

X. La naissance de Jésus : Il est couché dans une corbeille de jonc et sourit à sa Mère qui est à genoux. — Sur le pilier, on peut voir deux scènes admirablement sculptées.

XI. La Circoncision ; saint Joseph tient l'Enfant Jésus.

XII. L'Adoration des Mages ; Jésus est assis sur les genoux de sa Mère; les costumes des Mages sont très-intéressants à étudier.

XIII. La Purification; on remarquera que saint Siméon porte le costume de grand-prêtre.

XIV. Le massacre des Innocents ; cette scène lamentable est assez bien rendue. — Sur le mur sont figurées en demi-relief deux scènes évangéliques : la fuite en Egypte et Jésus au milieu des docteurs.

XV. Le baptême de Notre-Seigneur; un Ange tient les habits du Christ.

XVI. Les trois tentations de Jésus dans le désert.

XVII. La Chananéenne : elle adore le Seigneur et lui demande la guérison de sa fille.

XVIII. La Transfiguration : Jésus est sur des nuages; Moïse et Elie sont à genoux.

XIX. La femme adultère; cette femme criminelle est amenée devant le Sauveur.

XX. La guérison de l'aveugle-né.— Entre cette scène et la suivante, il règne un espace dépourvu de baldaquin; on y plaçait autrefois les châsses de saint Piat, de saint Lubin, de saint Bethaire, etc. Aujourd'hui il y a quelques statuettes dépareillées.

XXI. Entrée de Jésus à Jérusalem ; cette scène occupe deux niches.

XXII. L'agonie de Jésus : il est prosterné; un ange le soutient et le reconforte.

XXIII. La trahison de Judas.

XXIV. Jésus devant Pilate, le gouverneur romain est assis; Jésus est conduit devant lui par deux soldats.

XXV. La flagellation; Jésus est attaché à une colonne; les bourreaux le frappent.

XXVI. Le couronnement d'épines; Jésus est assis sur une borne.

XXVII. La crucifixion; cette scène occupe deux niches : elle est parfaitement rendue.

XXVIII. Jésus est descendu de la croix : deux petits anges sont présents et pleurent.

XXIX. Jésus sort du tombeau; les trois soldats tombent par terre.

XXX. Les saintes femmes arrivent au sépulcre; elles voient la pierre ôtée et un ange assis dessus.

XXXI. Jésus et les disciples d'Emmaüs : l'un des disciples porte un chapelet suspendu au cou. Les costumes méritent d'être étudiés.

XXXII. Jésus et saint Thomas, qui met ses doigts dans la plaie du côté.

XXXIII. *Côme Jésucrist ressuscité aparoist à la Vierge Marie*; telle est l'inscription qui se lit sur la plinthe de ce groupe.

XXXIV. *Côme Nostre Seigneur monte ès cieux*; l'empreinte des pieds du Sauveur a été figurée par le sculpteur.

XXXV. *Côme le Saint-Esperit descend sus les apostres*. Scène bien rendue.

XXXVI. *Côme Nostre-Dame adore la croix*. Marie est accompagnée de saint Jean, de sainte Madeleine et de sainte Marie Salomé.

XXXVII. *C'est le trépassement Nostre-Dame*. La très-sainte Vierge entièrement vêtue, est couchée sur son lit; elle tient un cierge bénit. Tous les apôtres sont présents : saint Pierre est vêtu pontificalement, saint Jean pleure, saint Jacques-le-Majeur récite son chapelet, saint Jacques-le-Mineur prend ses lunettes, etc. Cette scène est bien rendue et traitée avec un soin particulier.

XXXVIII. — *Le portement Nostre-Dame*. La très-sainte Vierge est portée sur les épaules de huit apôtres en son sépulcre de la vallée de Josaphat : saint Jean ouvre la marche ; saint Jacques-le-Majeur porte le goupillon et récite son chapelet; saint Jacques-le-Mineur tient le rituel et le bénitier; saint Pierre préside à la cérémonie.

XXXIX. *Le sépulcre de Nostre-Dame*. Jésus est descendu du ciel; sa sainte Mère se lève de son tombeau.

XL. *Le couronnement Nostre-Dame*. C'est

une scène charmante. Agenouillée sur des nuages que peuplent de petits anges, Marie reçoit sur la tête une élégante et gracieuse couronne, que lui posent ensemble les trois Personnes de l'auguste Trinité. — Ici s'arrête la série des faits racontés par la partie principale de la clôture du chœur. Mais sur les parties accessoires se présente une infinité de sujets tirés de la Bible, de l'histoire, de la mythologie et de l'imagination de l'artiste. Nous ne pouvons les décrire ici, sous peine de dépasser les bornes de cette modeste monographie.

6. LE CHŒUR ET LE SANCTUAIRE. Le chœur de la cathédrale de Chartres est le plus vaste qu'il y ait en France après celui de la cathédrale de Laon : il compte 38 mètres et demi de longueur, sur plus de 16 mètres de largeur. — La disposition actuelle du chœur ne ressemble guère à celle qui existait avant 1763, époque des premiers *embellissements* faits au moyen des libéralités pieusement barbares de l'ancien Chapitre. — Cette décoration, où la rocaille triomphe sans conteste, a été faite sous la direction du chanoine d'Ar-

chambault, et d'après les dessins de Louis, architecte du duc d'Orléans et de la cathédrale. Décrivons rapidement leur œuvre déplorable.

L'architecture du chœur et du sanctuaire a été défigurée; la noble simplicité des piliers, des colonnes, des arcades et des chapiteaux a disparu sous un luxe de dorure, de stucage et de marbrerie. Entre les piliers du sanctuaire, il y a des rideaux en stuc bleu et bordés avec des franges de plomb doré. Les portes latérales du chœur nous offrent les formes lourdes et pesantes de l'art moderne. — Le dallage du chœur est fait avec des carrés de marbre blanc et noir disposés en échiquier ; il a remplacé en 1786 l'antique dallage qu'avaient foulé saint Louis et tant d'illustres pèlerins. Le pavé du sanctuaire avec ses marches et celles de l'autel est en marbre de diverses espèces, — L'autel, consacré le 7 août 1773, est également en marbre ; il a la forme d'un tombeau, décoré d'ornements en bronze doré ; il a trois gradins en marbre blanc veiné, sur lesquels sont placés six chandeliers en bronze doré et ciselé. — Derrière l'autel se trouve, en guise de retable, le trop célèbre groupe de l'*Assomption.* C'est « un groupe en marbre » blanc statuaire, haut d'environ dix-sept » pieds au-dessus de la table d'autel, sur » environ douze pieds de large. le tout sui- » vant des proportions données par M. Louis, » architecte de l'église.... Lequel groupe est » composé de quatre figures de huit pieds de » proportion, savoir : la sainte Vierge s'éle- » vant au ciel soutenue par des nues et trois » anges qui semblent l'enlever ou la soutenir; » plusieurs têtes de chérubins sont répandues » çà et là, afin de rendre de la manière la plus » naturelle, la plus expressive et la plus » auguste, l'Assomption de la sainte Vierge, » qui semble s'élever au ciel par quelque vertu » qui lui soit propre, en même temps que par » le ministère des anges que Dieu lui a en- » voyés. » Tels sont les termes de la convention signée en 1767 entre les chanoines de Chartres et *Charles-Antoine Bridan, sculpteur du roi et de l'académie royale de sculpture.*

Le trésor de l'église est placé derrière le groupe de l'Assomption ; c'est une grande armoire pratiquée dans la clôture du chœur, avec une porte en bois peint et doré. Avant la sacrilége spoliation de 1792, il renfermait les objets offerts, durant des siècles, par la pieuse générosité des princes, des pontifes et des fidèles de tout rang, objets qui excitaient l'admiration par leur nombre, par leur variété, par leur richesse et quelquefois même par leur singularité. Aujourd'hui il ne renferme que deux reliquaires, celui de la vraie Croix et celui de la sainte Tunique de la Mère de Dieu. (Nous parlerons plus loin de cette précieuse Relique). Il contient aussi les vases sacrés les plus riches, parmi lesquels on remarque un calice donné par Henri IV, lors de son sacre dans la cathédrale. Nous signalerons encore une merveilleuse navette donnée en 1540, par Mgr Mile d'Illiers, évêque de Chartres.

La clôture du chœur est décorée à l'intérieur de huit tableaux de marbre blanc sculptés en relief par Bridan ; ils complètent le dossier des stalles. Au point de l'art, comme au point de l'esthétique chrétienne, ils sont fort médiocres, pour ne pas dire mauvais : rien de divin, rien d'inspiré dans les figures; tout y est matérialisé, tout y est vulgaire, tout y est froid. Les quatre tableaux de gauche représentent le signe donné à Achaz, l'Adoration des Bergers de Bethléem, la Purification de la très-sainte Vierge, et le Concile d'Ephèse où l'impie Nestorius fut anathématisé. Les quatre tableaux de droite ont pour sujets l'Immaculée Conception de Marie, l'Adoration des Mages, la Descente de Croix et le Vœu de Louis XIII en 1638.

7. — Les Chapelles. — La Cathédrale de Chartres comptait autrefois 39 chapelles ou autels ; ils avaient été fondés au XIIIe et au XIVe siècle ou par saint Louis et les rois ses successeurs, ou par des évêques et des chanoines de Chartres, ou par des personnages de haut rang. Cette série d'autels et de chapelles où s'immolait chaque jour la divine Victime, augmentait encore la gravité religieuse et vénérable de la basilique. Un grand nombre d'autels furent enlevés en 1661 ; les autres disparurent en 1791. Toutes les chapelles furent, à cette dernière époque, brutalement déshonorées par le vandalisme restaurateur de l'évêque constitutionnel Bonnet : elles reçurent les autels et les boiseries des

églises de Chartres supprimées à cette époque néfaste. Nous sera-t-il donné de voir un jour disparaître ces affreux placages qui défigurent toutes nos chapelles? Nous en avons le ferme espoir : c'est un dessein bien arrêté chez notre pieux Pontife que de rendre à toutes les chapelles une décoration qui soit dans le style du noble édifice. — Deux l'ont déjà reçue.

De nos jours, il reste onze chapelles, dans l'église supérieure. La *première* est sous le clocher-neuf; elle a été érigée en 1837, sous le vocable de Notre-Dame-des-Sept-Douleurs. Les connaisseurs prétendent que la *Pieta*, tableau qui orne le retable de l'autel, est sortie du pinceau du Carrache. — Pour l'archéologue, il n'y a dans cette chapelle que les chapiteaux romans des piliers et des colonnes.

La *deuxième* a été construite en 1791; pour cela on condamna une porte du portique septentrional, on exhaussa le sol, et l'on défonça une verrière peinte. Elle est une de celles qui défigurent l'architecture intérieure de la cathédrale. Elle doit disparaître bientôt.

La *troisième* n'est point proprement une chapelle; mais c'est là que se trouve la statue de la *Vierge-Noire-du-Pilier* ou *Vierge aux miracles*. Avant de l'examiner prosternons-nous un instant à ses pieds et rendons-lui nos hommages par la prière..... Cette statue date des dernières années du XVe siècle ; elle est depuis lors le deuxième pivot du pèlerinage ; aussi Rouillard disait déjà en 1608, cent ans après son érection : « L'affluence y « est si commune, et la dévotion si grande que « la colonne de pierre, qui soutient la sainte « Image, se voit cavée des seuls baisers des « personnes dévotes et catholiques. » — La dévotion envers la Vierge du Pilier, quoique beaucoup refroidie, est encore bien vive : à toute heure du jour, on voit de pieux fidèles allumer des cierges, baiser la colonne et prier devant la sainte Image. Un prêtre la garde constamment, depuis cinq heures du matin jusqu'à la nuit ; il récite des Evangiles sur la tête des nombreux pèlerins qui y affluent, surtout aux jours des fêtes de la sainte Vierge. Un grand nombre de lampes y brûlent jour et nuit, témoignages de vénération et d'amour de la part de pieux fidèles. L'une d'elles a été fondée par Mgr Pie, l'éloquent évêque de Poitiers.

La *quatrième* est la première des sept chapelles qui rayonnent autour du chœur. Nos pères l'avait consacrée à saint Julien-le-Pauvre, dont la légende est racontée sur la fenêtre centrale. Aujourd'hui elle se nomme la chapelle de l'*Ecce Homo*.

La *cinquième* a été splendidement décorée en 1865, dans le style originel de l'église; elle est aujourd'hui placée sous l'invocation du Sacré-Cœur de Marie ; autrefois c'était la chapelle de saint Etienne ou des Martyrs.

La *sixième*, celle du rond-point de l'abside, appelée de nos jours *Chapelle de la Communion*, a été dédiée, dès l'origine, aux saints Apôtres. Elle vient d'être polychromée, restaurée et enrichie d'un autel fort remarquable : tout y est vraiment digne du monument et du Dieu qui daigne y habiter.

La *septième* est maintenant dédiée au Sacré-Cœur de Jésus ; autrefois c'était la chapelle de saint Nicolas ou des Confesseurs. La décoration moderne fait pitié ; mais bientôt elle sera restaurée avec toute l'intelligence du style gothique et guérie des blessures essuyées en 1791.

La *huitième* est aujourd'hui baptisée du nom de *Chapelle de tous les Saints*, nous ne savons trop pourquoi. Jadis c'était la chapelle de saint Loup et de saint Gilles.

La *neuvième*, qui défigure l'architecture du transept, est une construction faite en 1791, comme la chapelle de la Transfiguration, qui lui fait pendant. Elle porte le titre de *saint Lazare*, ami de Jésus et premier évêque de Marseille. Elle sera supprimée bientôt.

La *dixième* est pratiquée hors œuvre entre les deux contreforts de la cinquième travée de la nef méridionale et elle est connue sous le nom de *Chapelle de Vendôme*, parce qu'elle fut construite en 1413 par Louis de Bourbon, comte de Vendôme, pour accomplir un vœu fait à Notre-Dame de Chartres. Le noble et pieux prince la dota richement et la dédia à l'*Annonciation de Nostre-Dame*. — La chapelle était en fort mauvais état; l'habile architecte diocésain la restaure dans son style orginel, qu'on a appelé *style ogival tertiaire* ou flamboyant. — Elle contient deux châsses, longues de deux mètres, en bois d'ébène et garnies de glaces et ornements d'argent. La première renferme le corps sacré de saint Piat, apôtre du Tournaisis. Ces précieuses Reliques ont été apportées de Seclin, où le Saint a été inhumé après son martyre; on voit encore aujourd'hui dans la crypte de l'église de Seclin le sarcophage en pierre où il a été déposé. C'est tout ce qui reste de bien authentique à Seclin. — La seconde châsse contient les ossements sacrés de saint Taurin et les différentes Reliques qui avaient été brutalement profanées et enfouies en 1793. — Une troisième châsse en bois doré renferme le chef de saint Castrin, évêque en Campanie.

La *onzième* chapelle a été établie en 1830 sous le clocher vieux, pour recevoir la grande croix de la Mission de 1825. — Nous faisons des vœux pour que ce *passage* soit rendu à sa destination primitive.

8. — La Chapelle de saint Piat. — La grande chapelle de saint Piat, bâtie hors d'œuvre, derrière l'abside de la cathédrale, est une belle construction du XIVe siècle, quoiqu'un peu lourde à l'extérieur ; on y arrive par un escalier de 29 marches commençant

dans l'ancienne petite chapelle du même Saint. Elle était déjà commencée en 1324. Le Chapître de la cathédrale en a été le fondateur, « alors que le corps du dit saint Piat « par la dévotion que les gens de bien y « avaient, florissait en miracles; cause qu'on « y arrivait de toutes parts, et s'y faisaient « de grandes aumônes et oblations, desquelles « ladite chapelle aurait été presque toute « bâtie. » Le Chapitre y consacra en outre l'argent des successions d'intestat qui lui échéaient, et chaque chanoine y ajouta une contribution personnelle en argent, comme nous l'apprenons d'une délibération capitulaire prise le mercredi après la Nativité de la sainte Vierge en 1324.

La chapelle de saint Piat a la forme d'un parallélogramme parfait, comptant dans œuvre 15 mètres 40 centimètres de longueur, et 7 mètres 20 centimètres de largeur; elle est flanquée de deux tours rondes, et appuyée de six contreforts assez lourds. Avant 1793, elle avait une flèche en charpente qui s'élevait au milieu du toit. — La voûte est formée de quatre croisées d'arêtes dont les nervures offrent des tores très-saillants et allongés en dos de carpe ; elles reposent sur les tailloirs peu saillants des chapiteaux des demi-colonnes adossées aux murs. Les chapiteaux sont riches de feuillages empruntés à la flore du pays et rendus avec un soin minutieux. Les clefs de voûte sont d'une exécution parfaite, refouillées avec soin et finesse. — Les murs latéraux sont percés de six grandes fenêtres à ogives équilatérales ; chacune est divisée par des meneaux réunis au moyen de trilobes pointus ; le tympan offre des trèfles, des quatre-feuilles, des roses à cinq pétales, dont les angles rentrants sont garnis de feuillages. Le mur absidal est percé d'une large fenêtre, qui malgré un peu de lourdeur est digne d'attention. — Un seul autel existe dans cette chapelle; il est moderne et peu digne de se trouver en si beau lieu. A droite de l'autel on voit une élégante piscine qui est contemporaine de la chapelle.

Deux portes donnent entrée dans la chapelle. La première est en bas de l'escalier qui y conduit; on peut la considérer comme l'un des plus beaux types de l'architecture ogivale du XIVe siècle. Les pinacles portent la statue de N.-S. J.-C. et deux anges. Au milieu du tympan se dresse une élégante statue de la très-sainte Vierge avec son divin Enfant. — La seconde porte, qui est au sommet de l'escalier, est ornée de plusieurs archivoltes en retraite, soutenues par un pareil nombre de colonnettes. L'arcade extérieure repose sur des animaux fantastiques et a ses ados hérissés de feuilles de choux. Dans le tympan une console est aujourd'hui veuve de sa statue, qui sans doute représentait saint Piat.

Les vitraux de cette chapelle appartiennent au XIVe et au XVe siècle. Quoique inférieurs à ceux de la cathédrale, ils méritent pourtant d'attirer l'attention des archéologues et des artistes-verriers. S'ils paraissent ternes, qu'on veuille bien l'attribuer au cruel malheur qui leur est arrivé, il y a cinquante ans : un vitrier ignorant les a couvert d'une épaisse couche de badigeon huileux. Parmi les sujets qui s'y trouvent représentés, on voit les arts libéraux et la scène si émouvante du jugement dernier; cette scène est figurée dans le tympan de la grande fenêtre absidale (1).

(1) L'évêque Aimery du Chateau-Luisant avait fondé,

Si l'on compare, au point de vue artistique, la cathédrale et la chapelle, on voit avec tristesse que l'art admirable du XIIIe siècle est dans son déclin. Dans l'architecture, l'inspiration est mesquine, l'exécution est négligée; les pierres sont mal dressées, les joints sont inégaux. Dans la sculpture et la peinture le même mal se révèle : les draperies sont jetées avec une certaine afféterie ; les figures restent maigres quoique les étoffes soient amples, le modèle est sec, aride, maladroit ; le réalisme se montre et par conséquent le caractère religieux se perd. On sent apparaître l'esprit d'entreprise : il faut faire beaucoup et promptement avec peu d'argent. On dirait que le XIVe siècle est déjà sous l'empire de cette fièvre d'activité et d'improvisation qui caractérise notre époque tourmentée. Ne peut-on pas attribuer cette décadence aux sacriléges attentats de Philippe-le-Bel contre le Pape Boniface VIII ? N'est-il pas permis de penser que ces attentats eurent pour conséquences

en 1349, dans la chapelle de saint Piat, un collége de douze chanoines.

nécessaires les calamités qui ruinèrent la France du XIVe siècle, les invasions désastreuses, les querelles des grands vassaux de la couronne, l'humiliation de la nation et de la royauté ? Les arts pouvaient-ils fleurir sous un pareil état de choses ?

9. La sacristie se ressent aussi de la décadence de l'art ogival. Elle a été bâtie vers 1285, sous l'épiscopat de Simon de Perruche. Voici ses dimensions dans œuvre : 11 mètres 30 centimètres de longueur, 8 mètres 20 centimètres de largeur, 15 mètres 20 centimètres de hauteur. Elle est voûtée de deux croisées d'arêtes à nervures en dos de carpe et s'appuyant sur des faisceaux de colonnettes. Les bases des colonnettes sont carrées avec des moulures circulaires : les chapiteaux manquent de tailloir et sont ornés de feuilles indigènes qui n'y paraissent attachées que par leurs pétioles. — Quatre belles et larges fenêtres ogivales occupent tout l'espace compris entre les contreforts; elles sont divisées en plusieurs ogives secondaires, et leurs tympans sont coupés par des menaux qui se courbent en trèfles, en quatre-feuilles, en

roses de cinq ou huit pétales. Elles étaient jadis garnies de belles grisailles, remplacées aujourd'hui par du verre blanc ou par du plâtre. A l'extérieur, la construction est simple, à parements unis. La corniche seule a quelques sculptures, c'est-à-dire, des feuilles recourbées en crosse. Une tourelle carrée flanque l'angle sud-ouest de la sacristie.

La sacristie ne renferme rien qui mérite d'attirer les regards du pèlerin ou de l'archéologue. Avant l'orage révolutionnaire, elle était comme un vaste musée d'orfèvrerie sacrée, dont les sacristies de Notre-Dame de Lorette et de saint Antoine à Padoue peuvent aujourd'hui nous donner une idée.

CHAPITRE IV.

Description des Vitraux.

1. La vitrerie peinte de la cathédrale de Chartres est sans contredit la première du monde : elle garnit 50 roses et 122 grandes fenêtres ogivales ; elle compte 3889 figures

peintes, datant presque toutes du XIIIe siècle. « La cathédrale de Chartres, dit M. de « Lasteyrie dans son *Histoire de la peinture « sur verre,* offre au peintre-verrier un des « plus parfaits modèles qu'il puisse étudier ; « et si, comme exécution de détails, on a été « beaucoup plus loin, il n'existe, j'ose le dire, « rien de plus complet, rien de plus admira- « ble comme décoration et entente des effets. « Chartres est un type et un type parfait. » — Disons-le, en passant, la vitrerie peinte est la décoration obligée, l'accompagnement nécessaire des églises chrétiennes ; elle seule convient pour leur donner ce demi-jour mystérieux qui prête tant à la prière et au recueillement. La peinture sur verre, longtemps négligée, a heureusement repris faveur de nos jours ; nous en félicitons nos contemporains.

Nous nous trompons peut-être, mais il nous a toujours semblé que nos plus belles verrières sont celles qui sont consacrées à la très-sainte Vierge ; les peintres auront sans doute été mieux inspirés. En cela il n'y a rien qui doive nous surprendre : quelle profondeur dans les mystères de cette vie d'innocence, d'amour et de sacrifice ! Quels parfums et quelles lumières dans cette Vierge admirable, la seule que le péché n'ait pas atteinte ! Soit qu'elle presse son Enfant-Dieu contre son cœur, soit qu'elle le tienne sur son giron ou dans ses bras, soit que debout elle le contemple mourant sur la croix, Marie éveille dans l'âme d'ineffables émotions, que nos artistes ont su rendre avec bonheur et habileté.

Nos verrières sont des dons faits à la cathédrale par la foi vive et généreuse du moyen âge. La plupart de celles qui garnissent les fenêtres supérieures, sont dues à la munificence de saint Louis, de saint Ferdinand, de la reine Blanche et des autres membres de la famille royale. Celles de l'étage inférieur ont été données par les corporations d'arts et métiers de la ville. Du reste, voici le tableau exact des divers donateurs :

Rois, Princes et Seigneurs,	45	verrières.
Cardinaux, Evêques et Chanoines,	14	—
Drapiers et Pelletiers,	5	—
Orfèvres et Changeurs,	5	—
Cordonniers et Savetiers,	4	—

Tanneurs et Corroyeurs,	4	verrières.
Bouchers et Charcutiers,	3	—
Boulangers ou Pannetiers,	3	—
Sergiers et Tixiers en toile,	3	—
Charpentiers, Charrons et Tonneliers,	3	—
Imagiers, Maçons et Tailleurs de pierre,	3	—
Pâtissiers	2	—
Tourneurs	2	—
Vignerons et Taverniers,	2	—
Cultivateurs et Laboureurs,	2	—
Maîtres-Eviers ou Porteurs d'eau,	1	—
Epiciers, Merciers et Apothicaires,	1	—
Armuriers et Eperonniers,	1	—
Maréchaux et Forgerons,	1	—
Portefaix et Crocheteurs,	1	—
Vanniers. . . .	1	—

Tels sont les donateurs de nos admirables vitraux. Mais quels sont les artistes qui les ont exécutés ? Aucun d'eux n'a signé son œuvre. Un seul peintre-vitrier du XIIIe siècle est connu par son nom, c'est Clément de

Chartres : dans un vitrail de la cathédrale de Rouen, on lit : CLEMENS VITREARIUS *Carnutensis*. — Nous ne pouvons entreprendre ici une véritable description de nos verrières ; nous devons nous contenter d'offrir une simple nomenclature de ces tableaux immenses qu'un concile d'Arras appelle le *Livre des laïques*, et que les anciens catéchismes recommandaient de regarder *en récitant le chapelet pendant la messe* (1). Ici encore nous dirons que nous réservons les détails pour notre grande Monographie.

La vitrerie peinte de Chartres a perdu plusieurs tableaux au siècle dernier ; ils ont été remplacés par du verre blanc. — Dans plusieurs verrières, quelques panneaux ont été, à diverses époques, mutilés, démembrés, retournés, déplacés par le fait de vitriers ignorants et maladroits. L'ordre chronologique est souvent interverti; ce qui rend parfois

(1) Pour aultre chose ne sont faictes les ymages, dit Gerson, fors seulement pour moustrer aux simples gens, qui ne sèvent pas l'Escripture, ce qu'i'z doivent croire.

l'interprétation très-difficile. On a coupé des personnages à la tête, au ventre, aux pieds; les inscriptions ont aussi beaucoup souffert. Un remaniement général est donc devenu chose nécessaire. — Nos vitraux ne sont point placés dans un ordre symétrique; tout a été laissé au caprice des donateurs ou à l'ignorance des vitriers. Il n'y a d'exception que pour les vitraux qui garnissent les quatre extrémités de la cathédrale. Ceux-ci offrent les sujets exigés par la symbolique du XIIIe siècle, c'est-à-dire qu'à l'orient on a mis la *Glorification de Marie*, comme Mère de Dieu et Patronne de l'église; à l'occident, la *Glorification de Jésus-Christ*, comme JUGE des vivants et des morts; au midi, la *Glorification de Jésus* comme DOCTEUR du monde; au nord, la *Glorification de la très-sainte Vierge*, comme Refuge des pécheurs.

2. ROSE OCCIDENTALE. — Jésus, le Juge suprême, est assis sur des nuages au centre d'une auréole quadrifoliée; de ses cinq plaies coulent des flots de sang. Il est entouré de deux chérubins, de huit anges, des quatre animaux évangéliques, de dix apôtres. Dans le

haut, deux anges montrent les instruments de la Passion, et quatre autres anges sonnent la trompette du jugement. A droite et à gauche, on voit les morts sortir de leurs tombeaux pour paraître devant leur Juge. On voit aussi saint Michel peser les âmes dans sa terrible balance : les unes sont menées par les anges dans le sein d'Abraham, et les autres sont conduites par d'affreux démons dans l'enfer à la gueule béante et enflammée. — Sous le cercle central, un panneau a été enlevé par un boulet lancé contre la cathédrale, lors du siège de 1591; il a été remplacé par quelques débris d'un ancien vitrail.

Sous la rose occidentale se trouvent trois verrières du XIIe siècle, échappées à l'incendie de 1194 ; elles garnissent le triplet ogival ; elles ont probablement été peintes par les mêmes artistes que celles de l'église abbatiale de saint Denis, en 1146. La première fenêtre à droite montre l'*Arbre de Jessé* ou tige généalogique de Notre-Seigneur Jésus-Christ.— La fenêtre centrale rappelle les principaux traits de l'enfance de Jésus (1). — La troisième

(1) Au panneau qui représente la naissance du Sauveur, Marie est couchée dans un lit entouré de rideaux;

fenêtre offre les douze scènes principales des dernières années de la vie évangélique de N.-S. J.-C., à commencer par la Transfiguration jusqu'au souper avec les disciples d'Emmaüs. La Transfiguration est peinte ici de la même manière que dans les églises de la Grèce. Cela dénote-t-il une influence byzantine ? Nous le pensons.

3. Rose septentrionale. — Cette rose est appelée *Rose de France*, parce qu'elle a été donnée par saint Louis, et qu'elle figure, en douze médaillons, les armes de France, d'*azur aux fleurs de lys d'or sans nombre*. Le sujet qui y est peint, est la *Glorification de la*

la bordure de ces rideaux est formée par une inscription pseudo-arabe, qui probablement n'offre aucun sens. On connaît d'autres exemples de ces sortes d'inscriptions, dans la cathédrale du Mans, dans celle du Puy, et ailleurs. Ces faits impliquent-ils une notable influence de l'art des Arabes sur le nôtre ? Ou bien viennent-ils simplement du caprice d'un artiste qui a voulu rappeler l'Orient, après la première croisade, en figurant l'hébreu avec des caractères arabes usités pour cette langue au moyen âge jusqu'à la fin du XIVe siècle ? L'avenir résoudra ces questions.

très-sainte Vierge, comme Refuge des pécheurs; le même sujet est sculpté au porche, avec de plus grands détails. — Au centre de la rose, Marie est assise sur un trône et tient dans ses bras le Sauveur du monde. Trois cercles de douze médaillons chacun sont remplis de figures rendant leurs hommages à la Mère de Dieu. Le premier cercle offre quatre *colombes* divines au nimbe crucifère, quatre *trones* à six aîles, et quatre anges. Le second cercle se compose de douze médaillons avec les rois de Juda, ancêtres charnels de Marie. Le troisième cercle représente les douze petits prophètes, ses ancêtres spirituels. — Les cinq grandes fenêtres ogivales qui se voient sous la rose, offrent Marie portée par sainte Anne et entourée des personnages figuratifs de l'ancien Testament ; faute de place, le peintre n'a représenté que les quatre principaux : Melchisédech et Aaron, figures du sacerdoce de Jésus-Christ; David et Salomon, types de sa royauté.

4. Rose méridionale. — Cette rose, donnée par Pierre Mauclerc, comte de Dreux et duc de Bretagne, redit la Glorification de Jésus-

Christ, sculptée déjà au porche occidental. Les 36 médaillons sont à peu près disposés comme ceux de la rose septentrionale. Au centre, Jésus est assis sur un trône entre deux flambeaux; de sa main droite il donne sa bénédiction au monde, et dans sa gauche il tient un calice. Dans les médaillons on voit huit anges thuriféraires, les quatre Animaux et les vingt-quatre Vieillards; c'est la traduction picturale de ce verset de l'Apocalypse : *Et tous les Anges se tenaient debout devant le trône, les Vieillards et les quatre Animaux.* — Douze quatre-feuilles sont vitrées aux armes du donateur, *échiquetées d'or et d'azur à la bordure de gueules et au franc quartier d'Hermine.* — Cinq grandes fenêtres sont placées sous la rose et en complètent le sujet : on y voit Jésus porté sur les bras de sa divine Mère et entouré des quatre grands prophètes et des quatre évangélistes. Ceux-ci sont portés sur les épaules de ceux-là, comme sur une base puissante, et figurent la nouvelle Loi qui repose sur l'ancienne. Le peintre a suivi l'ordre chronologique pour les prophètes et pour les évangélistes ; ainsi on voit saint Matthieu sur

Isaïe, saint Marc sur Jérémie, saint Luc sur Ezéchiel et saint Jean sur Daniel.— Les donateurs de ces vitraux sont figurés à genoux, dans le bas des fenêtres, suivant l'usage du temps : il y a Pierre Mauclerc, sa femme Alix de Thouars (1), et ses deux enfants Yolande et Jean de Bretagne.

5. Abside. — L'abside est percée de sept immenses fenêtres de quatorze mètres de hauteur. Ce nombre *sept* qui se montre à l'abside de presque toutes les grandes églises de l'antiquité et du moyen-âge, ne nous paraît pas indifférent. Lorsque d'une part, on songe avec quel soin les chrétiens des quinze premiers siècles de l'Eglise ont attaché des idées mystiques à l'ensemble et aux diverses parties des édifices sacrés, et que d'autre part on se rappelle la grande place que les nombres occupent dans le symbolisme chrétien, il est difficile de ne voir aucun mystère dans cette disposition architecturale de l'abside. Nous pouvons donc

(1) Alix, la généreuse duchesse de Bretagne, fut mariée en 1212 et mourut en 1226; la vitrerie est donc antérieure à cette dernière date.

sans témérité attribuer à ces sept fenêtres une signification mystique, et nous dirons avec Banani, le savant historien de la Basilique Vaticane : « Ces sept fenêtres introduisent « dans l'édifice sacré sept gerbes de lumière, « image des sept rayons par lesquels l'Esprit-« Saint éclaire les âmes ; car ces fenêtres « tournées vers l'Orient reçoivent les rayons « du soleil levant et le reflet des cieux. » — En même temps elles nous disent la *Glorification de Marie*, patronne de la cathédrale ; le vitrail central rappelle trois épisodes de la vie de la très-sainte Vierge, son Annonciation, sa Visitation et sa Maternité divine. Il a été donné par les Boulangers, et non par les Laveurs et Peigneurs de laine (1) : toujours au moyen-âge les pains sont représentés comme on les voit ici. Les trois grandes fenêtres de droite représentent : 1° Aaron et un Ange thuriféraire ; 2° Ezéchiel, David et un Séraphin ; 3° trois scènes de la vie de saint Pierre. — Les trois grandes fenêtres de gauche offrent

(1) *Histoire de Chartres*, par M. de Lépinois, tome I, pages 219 et 220.

la suite des prophètes qui ont figuré ou annoncé le Messie, savoir : Moïse, Isaïe, Daniel, Jérémie et saint Jean-Baptiste; il y a de plus un Ange thuriféraire et un Séraphin. Au bas de toutes les fenêtres, les donateurs sont figurés, selon la coutume du temps.

6. Les Vitraux de l'étage supérieur. — Les fenêtres supérieures, au nombre de 68, sont d'immenses lancettes accouplées deux à deux et couronnées d'une rose élégante au diamètre de 5 mètres et demi. Il y a deux lancettes et une rose entre chaque contrefort, réunies par une arcade formée de colonnettes et d'archivoltes : il y a 24 arcades. Les vîtres peintes qui les garnissent, représentent généralement les figures colossales des Prophètes, des Apôtres, et d'un grand nombre de Saints et de Saintes; on y voit aussi quelques scènes évangéliques et légendaires. — Pour en indiquer le sujet (nous ne pouvons les décrire, notre plan nous interdit les détails), nous commencerons à gauche près du Clocher-neuf, en continuant jusqu'au sanctuaire ; puis nous reviendrons du Sanctuaire au Clocher-vieux. Nous procédons par arcade.

I. La première arcade offre : 1° la triple tentation de Jésus-Christ au désert ; 2° les trois prophètes Jonas, Daniel et Habacuc; ils sont assis et nimbés. Dans la rose il y a un saint évêque, peut-être saint Ethère; à ses côtés sont deux suppliants.

II. On y voit 1° saint Laurent et son martyre ; 2° saint Etienne et sa lapidation par les Juifs. Dans la rose, saint Lubin vêtu pontificalement est assis sur un trône. Deux taverniers lui offrent deux vases pleins de vin.

III. La première fenêtre de cette arcade se compose de six médaillons où figurent quatre Apôtres, et les Pelletiers et Drapiers, donateurs du vitrail. Dans la seconde, il y a la figure colossale de saint Nicolas; sous le Saint, les Corroyeurs et Mégissiers, donateurs, travaillant de leur état. La rose offre saint Thomas de Cantorbéry entre deux guerriers.

IV. D'abord six Apôtres sont assis dans des quatre-feuilles ; ensuite viennent la figure colossale d'un Apôtre, et celle des Donateurs. La rose offre un sujet fort curieux; c'est Marie tenant sur ses genoux les *Sept Dons* du Saint-Esprit : la Sagesse est figurée par Jésus renfermé au centre d'une auréole circulaire; l'Intelligence, le Conseil, la Force, la Science, la Piété et la Crainte sont symbolisés par des colombes blanches reliées à l'auréole divine par des rayons rouges; elles portent le nimbe uni, non le nimbe crucifère : elles sont célestes simplement et non divines (1).

V. Dans cette arcade, on voit 1° saint Gilles en figure colossale, et le même disant la Messe; 2° saint Georges de Cappadoce, vêtu en guerrier du XIIIe siècle ; dans le bas du vitrail le Saint est sur une roue garnie de quatorze épées tranchantes. Dans la rose, saint Georges à cheval terrasse un affreux serpent.

VI. Jésus est debout dans la première lancette ; sous ses pieds se voit le sacrifice d'Abraham. Le même sacrifice est représenté

(1) Au portail de la Cathédrale de Kiew bâtie en 1077, on voit Marie dans une rotonde à *sept* colonnes, sur un trône à *sept* marches portant les noms de *sept* vertus ; elle est accompagnée de *sept* Prophètes et de *sept* Esprits en forme de colombe. — C'est surtout dans les églises d'Allemagne qu'on voit les sept colombes autour de la Sainte Vierge.

dans la seconde lancette, qui vient d'être restaurée. Dans le haut, Jésus est figuré en buste avec l'Alpha et l'Oméga, signes hiéroglyphiques de la divinité. (L'Alpha et l'Omega se voient fréquemment sur nos vitres peintes; c'est une imitation de l'art des premiers chrétiens qui écrivaient partout ces deux lettres pour se rappeler le souvenir de Celui qui a dit : *Je suis l'Alpha et l'Oméga, le principe et la fin*). — La rose représente le Cultivateur de Nogent-sur-Eure, qui a donné ce vitrail.

VII. Il y a 1° un Saint martyr et saint Martin ; 2° deux scènes de la vie du saint Evêque de Tours. Dans la rose, le donateur et la donatrice en posture suppliante; on y lit une inscription qui signifie : *Des hommes de Tours ont donné ces trois verrières.*

VIII. (Dans le transept septentrional). Dans les lancettes il y a la Mort, l'Assomption et le Couronnement de la très-sainte Vierge, ensuite les Anges annoncent aux bergers la naissance du Sauveur, et Marie présente son divin Enfant au temple. Au bas du dernier vitrail et dans la rose, on voit Philippe de France, comte de Boulogne et oncle de saint Louis.

IX. Le premier vitrail raconte l'Annonciation et la Visitation ; au bas, Mahaut, comtesse de Boulogne ; le second vitrail représentait saint Joachim et sainte Anne recevant chacun la visite d'un Ange, et les mêmes se rencontrant à la porte dorée. La donatrice est la comtesse Jeanne. La rose a été défoncée au siècle dernier.

X. Les trois verrières de la dixième arcade sont garnies de grisailles du XIIIe siècle bordées de lys et de châteaux de Castille.

XI. Les deux lancettes donnent saint Thomas et saint Barnabé, saint Judde et saint Thomas, et le chanoine donateur ; dans la rose Jésus est assis entre le soleil et la lune, et tient la boule du monde *blasonnée aux armes de Castille*.

XII. Encore quatre Apôtres ; les inscriptions sont : S: FILIPUS, S: ANDREAS, S: JUDAS, S: PHILIPPUS. Dans la rose, le même chanoine donateur. Quel est ce chanoine si pieusement libéral envers la Cathédrale? Est-ce *Jefroi, Gaufridus Chardonnel*, dont on trouve le nom sur deux verrières du transept méridional? C'est probable.

XIII. Dans la première lancette on voit trois scènes de la vie de saint Eustache, et dans la seconde, il y a l'Annonciation, la Naissance de Jésus, et l'Adoration des Mages. La rose offre Jésus assis. Le donateur et la donatrice sont figurés dans le bas des lancettes.

XIV. (C'est la première arcade du chœur). On voit Marie assise sur un trône, et l'écusson de l'évêque Regnault de Mouçon; puis deux groupes de paysans, groupes pleins d'intérêt pour l'archéologue à cause des costumes; Robert de Bérou, sous-diacre et chancelier de l'église de Chartres, est le donateur du vitrail. Dans la rose, Jésus-Christ est assis entre deux chandeliers à trois branches.

XV. Les trois verrières de cette arcade ont été données par saint Ferdinand, roi de Castille, dont la statue équestre se voit dans la rose. Dans les deux lancettes, il y avait, avant 1788, des scènes de la vie de saint Jean-Baptiste et de celle de saint Jacques.

XVI. Les deux lancettes racontent des

traits de saint Martin. Dans la rose et au bas des lancettes est figuré le donateur Jean de Châtillon.

XVII. L'histoire de saint Denis l'aréopagite et évêque de Paris, était peinte dans les deux lancettes. Saint Louis, donateur des vitraux de cette arcade, est représenté dans la rose. — Viennent ensuite les sept grandes fenêtres de l'abside dont nous avons parlé page 112.

XVIII. Dans la première lancette, il y avait saint Barthélémy ; dans la seconde, la sainte Vierge tenant un sceptre fleuri. La rose représente Amaury, comte de Montfort.

XIX. Dans les deux lancettes on voit la légende de saint Vincent et la figure de saint Paul. Dans la rose, c'est Amaury de Montfort, figuré pour la seconde fois.

XX. Les deux lancettes, aujourd'hui garnies de vitres blanches, offraient jadis des traits de la légende de saint Eustache et de celle de saint Georges. Dans la rose, Pierre de Courtenay, frère d'Amaury.

XXI. On y voit les figures de saint Jean l'évangéliste et de saint Jacques-le-Majeur, l'adoration des Mages, la naissance de Jésus, la fuite en Egypte et les donateurs. Dans la rose, Robert de Beaumont, monté sur un cheval brun.

XXII. (Dans le transept méridional.) La première lancette offre saint Christophe et saint Nicaise, et le donateur Geoffroi Chardonnel, chanoine de Chartres ; la seconde, représente saint Denis donnant l'oriflamme à Henry Clément. Dans la rose, saint Jean-Baptiste, en tunique de peau verte.

XXIII. Dans les deux lancettes, saint Protais et saint Gervais, saint Côme et saint Damien, puis le donateur, le chanoine Geoffroi Chardonnel. La rose représente la très-sainte Vierge.

XXIV. Deux prophètes et le donateur, Jean de Bretagne, se trouvent figurés dans les deux lancettes. Dans la rose on voit encore la très-sainte Vierge.

XXV. Malachie et Michée se trouvent dans les lancettes. La rose représente le donateur, Pierre Mauclerc, monté sur un cheval et armé de toutes pièces.

XXVI. La première lancette est garnie de verre blanc ; la seconde représente saint Paul, premier ermite, et saint Antoine. Dans la rose, un saint archevêque, probablement saint Ambroise.

XXVII. Dans cette arcade, on voit saint Paul et saint Pierre et le donateur des trois verrières. C'est un diacre, chanoine de Chartres, probablement Nicolas Lescine.

XXVIII. (Dans la nef.) La première lancette a été défoncée en 1786, pour éclairer le chœur provisoire, la seconde est en partie cachée par le buffet des orgues ; il y a deux saintes, probablement sainte Justine et sainte Colombe. La rose montre le grand saint Hilaire, évêque de Poitiers.

XXIX. Les deux lancettes ont perdu leurs vitres en 1648 ; la rose représente saint Grégoire-le-Grand.

XXX. On y voit saint Barthélemy, Moïse, saint Calétric, et des tourneurs, donateurs des verrières. La rose offre saint Augustin, évêque d'Hippone.

XXXI. Les apôtres saint Philippe et saint Jacques-le-Mineur, le prophète Jérémie et les donateurs se voient dans les deux lancettes. Dans la rose, saint Jérome, docteur de l'Eglise.

XXXII. Sainte Foi et son martyre, la très-sainte Vierge debout, et la scène du *Noli me tangere*, forment les sujets des lancettes. Dans la rose, on voit saint Solemne, évêque de Chartres.

XXXIII. Dans les lancettes, se montrent saint Pierre et saint Jacques, et les donateurs du vitrail, les pâtissiers de Chartres. Dans la rose, Jésus-Christ avec l'alpha et l'oméga.

XXXIV. Dans la première lancette, saint Laumer, abbé de Corbion, debout et couché sur son lit funèbre ; dans la seconde se trouve l'histoire de sainte Marie-Egyptienne. Dans la rose, saint Laumer est figuré une troisième fois.

7. LES VITRAUX DE L'ÉTAGE INFÉRIEUR. — Les vitres peintes de l'étage inférieur, offrent avec profusion les scènes de la Bible, de l'Evangile et des Légendes des saints. — Nous ne donnons ici qu'une indication sommaire de ces vastes et splendides tableaux en verre. Pour lire un vitrail, il faut commencer en bas et aller de gauche à droite, comme pour lire un livre. Les médaillons inférieurs représentent toujours les donateurs du vitrail : ils

portent leur *signature*. Commençons dans les bas côtés, près du Clocher-Neuf.

1. Ce premier vitrail raconte l'histoire de Noé, depuis la construction de l'arche jusqu'à la malédiction de Cham. Il a été donné par les Charpentiers, Charrons et Tonneliers.

II. Ce vitrail, donné par les Taverniers et Marchands de vin, offre l'histoire de saint Lubin, le pâtre du Poitou, qui devint évêque de Chartres.

III. L'histoire merveilleuse de saint Eustache, général romain, est peinte dans le troisième vitrail, qui a été donné par les Pelletiers et Drapiers.

IV. Le quatrième vitrail retrace les principaux faits de l'histoire de Joseph; il a été donné par les Changeurs et Monnayeurs.

V. L'intéressante légende de saint Nicolas est racontée dans ce vitrail, dont les donateurs sont les Epiciers et Pharmaciens.

VI. C'est le vitrail de la Nouvelle-Alliance; ce sujet est l'un des plus savants et des plus grandioses que le moyen âge ait traités. Sept panneaux ont été enlevés en 1816. Les Maréchaux et Forgerons en ont été les donateurs.

VII. (Dans le transept nord). L'histoire de l'Enfant prodigue est représentée ici; le peintre-verrier a quelque peu brodé sur le thême fourni par l'Évangile.

VIII. Le huitième vitrail, qui retraçait l'histoire de saint Laurent, a disparu en 1791. La bordure seule avec ses 21 anges existe encore.

IX. Ce vitrail a été défoncé en 1791 ; on y voyait les dix Vierges de l'Evangile.

X. (Dans le bas-côté du cœur). Ce vitrail, dont le sujet est inconnu, a été donné par Geoffroi Chardonnel, archidiacre de Dunois, mort en 1210. Raconte-t-il la légende de saint Germain d'Auxerre, de saint Béthaire ou de saint Ethère de Chartres, de saint Julien du Mans, de saint Geoffroy d'Amiens ? Nous l'ignorons.

XI. L'histoire de saint Nicolas est encore retracée sur ce vitrail, qui a été donné par le cardinal Etienne de Lington, archevêque de Cantorbéry depuis 1207 jusqu'en 1228.

XII-XV. Ces quatre fenêtres sont garnies de grisailles qui méritent d'être étudiées par les verriers de nos jours.

XVI. Ici est figurée la belle légende de saint Thomas, apôtre. Le vitrail a été donné par la famille royale de France.

XVII. C'est le vitrail de saint Julien-l'Hospitalier, donné par les Charpentiers, Charrons et Tonneliers.

XVIII. Cette fenêtre est garnie d'une grisaille rehaussée par des filets de couleur.

XIX. L'histoire de saint Savinien, celle de saint Potentien et celle de sainte Modeste sont retracées dans cette verrière, donnée par les Tisserands.

XX. Ce vitrail raconte l'histoire de saint Cheron ; il a été donné par les Sculpteurs, les Maçons et les Tailleurs de pierre.

XXI. C'est l'histoire de saint Etienne, premier martyr; les Cordonniers ont donné ce vitrail.

XXII. Cette fenêtre retrace l'histoire de saint Quentin ; elle a été donnée par Nicolas Lescine, chanoine-diacre de la cathédrale.

XXIII. Le vingt-troisième vitrail raconte dans ses premiers tableaux l'histoire de saint Théodore; et dans les autres, celle de saint Vincent de Sarragosse. Il a été donné par les Tisserands.

XXIV. Il a été donné par les Marchands de fourrures, et il retrace la belle légende de saint Charlemagne et de saint Roland. On y lit souvent : Karolus ou Carolus ou bien encore Carrolus.

XXV. C'est le vitrail de saint Jacques, apôtre; on lit sur plusieurs médaillons : S. Jacobus, Almogines, Filetus. Il a été donné par les Drapiers et Pelletiers.

XXVI. Cette fenêtre est garnie d'une grisaille aux armes de Castille.

XXVII. Ce vitrail donné par Henri Noblet, raconte l'histoire de saint Simon et de saint Judde, apôtres.

XXVIII. Cette fenêtre nous offre différentes scènes de la vie de N. S. J. C. Les neuf panneaux qui avaient été enlevés en 1791, viennent d'y être rétablis avec une adresse merveilleuse. On a rétabli avec la même adresse les 24 médaillons détruits dans les deux verrières suivantes. Cette restauration a coûté 16,000 francs, dit-on.

XXIX. Il raconte les principaux traits de l'histoire légendaire de saint Pierre.

XXX. Ici on voit la suite de l'histoire de saint Pierre et celle de saint Paul.

XXXI. Ce vitrail date du XIVe siècle ; c'est une grisaille avec la figure de saint Piat, en costume sacerdotal.

XXXII. Il a été donné par les Ouvriers en pierre, et raconte l'histoire de saint Melchiade et de saint Sylvestre.

XXXIII. C'est une grisaille avec une figure de saint Nicolas, laquelle date du XIVe siècle.

XXXIV. Il retrace l'intéressante histoire de saint Rémy, archevêque de Reims. Le donateur est figuré dans le bas, à genoux ; mais il a perdu son nom.

XXXV. C'est la troisième grande verrière légendaire consacrée à saint Nicolas, le Saint le plus populaire à Chartres durant tout le moyen âge ; presque toutes les corporations ouvrières l'avaient pris pour patron.

XXXVI. Ce vitrail a pour donateurs deux guerriers et un civil à genoux devant une image de Marie. Il nous offre l'histoire de sainte Marguerite, martyre, et de sainte Catherine d'Alexandrie.

XXXVII. Il raconte l'histoire de saint Thomas de Cantorbéry ; ce vitrail a été placé une trentaine d'années après le martyre du saint Archevêque, qui avait eu pour secrétaire et pour témoin de sa mort Jean de Salisbury, devenu plus tard évêque de Chartres. Les donateurs sont les Tanneurs et Corroyeurs du XIIIe siècle.

XXXVIII. Vitrail donné par les Cordonniers. Il raconte l'histoire de saint Martin. Il a été probablement peint par Clément, peintre-verrier de Chartres au XIIIe siècle.

XXXIX et XL. Ces deux fenêtres sont garnies de grisailles du XVIIIe siècle : on y voit saint Pie V. Elles sont une preuve matérielle de la dégénérescence de l'art.

XLI et XLII. Encore deux grisailles, mais plus anciennes que les précédentes ; elles ont dû être faites vers l'an 1350.

XLIII. Ce vitrail paraît avoir été donné par Thibaud VI, comte de Chartres, à la prière de Thomas, comte du Perche, tué en 1217 à la bataille de Lincoln. Il représente les douze signes du zodiaque et les douze mois de l'année figurés par les travaux champêtres.

XLIV. Le vitrail a les mêmes donateurs que le précédent ; il retrace l'histoire légendaire et évangélique de la très-sainte Vierge.

XLV. *Notre-Dame de la belle Verrière*; c'est le nom que le peuple donne à une image de Marie, qui est la principale figure du vitrail. Cette image date du XIIIe siècle; au premier aspect elle semble plus ancienne; c'est probablement la reproduction d'un ancien type. — Notre-Dame de la belle Verrière était jadis l'objet d'une grande vénération de la part des fidèles, qui allaient prier devant cette image comme devant la Vierge-Noire du Pilier. Aujourd'hui quelques habitants de la campagne seulement y vont faire leur prière et allumer leur cierge. — Dans le bas du vitrail, il y a le miracle des noces de Cana, et la triple tentation de J.-C. par Satan.

XLVI. Le vitrail a été donné par les Vanniers, et retrace l'histoire de saint Antoine et de saint Paul, premier ermite.

XLVII. (Dans le transept méridional). Ce vitrail a été défoncé en 1791 ; il racontait la légende de saint Blaise.

XLVIII. Avant 1792, il y avait une grisaille avec les images de saint Michel, de saint Lubin et de saint Martin.

XLIX. La partie centrale représente

l'histoire de saint Apollinaire, archevêque de Ravenne. La partie inférieure est garnie de figures en grisailles, peintes en 1328, ainsi que l'indique l'inscription qui se voit au milieu.— Dans le haut du vitrail, se voit la hiérarchie presque complète des Anges ; il n'y manque que les Trônes.

L. (Dans le bas-côté méridional). Ce vitrail racontait les principaux miracles que la sainte Vierge daigna faire au XIIIe siècle en faveur des pèlerins de Chartres ; Il redisait aussi la légende, si célèbre, au moyen âge, du moine Théophile. Quinze médaillons ont été remplacés par du verre blanc, de sorte qu'il ne reste qu'un seul sujet complet.

LI. Ici sont les fenêtres de la chapelle de Vendôme. Elles ont perdu la plupart des vitres peintes que le fondateur de la chapelle y avait fait placer en 1413. On doit les rétablir dans leur état primitif; le travail est presque terminé.

LII. La cinquante-deuxième verrière raconte la Mort, les Funérailles, l'Assomption et le Couronnement de la très-sainte Vierge. Elle a pour donateurs les Cordonniers du

XIIIe siècle; ils sont figurés dans les médaillons inférieurs. Ces groupes de Cordonniers ont été interprêtés de la manière la plus bizarre : Pintard y voyait *des personnages tenant des ballots de papier;* M. de Lasteyrie y voit *des bouchers ouvrant un veau;* M. de Lépinois prétend que ce sont *des fabricants de chapeau en laine feutrée.* Qu'on veuille bien prendre une échelle et aller voir de près les trois groupes des donateurs, on sera à l'instant convaincu qu'il y a là des cordonniers vendant ou polissant des chaussures et achetant du cuir.

LIII. Ce vitrail offre un des plus beaux sujets théologiques traités par les savants verriers du moyen-âge : le bon Samaritain. Ce sont encore les généreux Cordonniers du XIIIe siècle qui ont donné ce vitrail ; on y lit : SUTORES.

LIV. Ce vitrail retrace l'histoire de sainte Marie-Madeleine, et il a été donné par les Eviers ou Porteurs d'eau.

LV. C'est le vitrail le plus rapproché du Clocher-Vieux, il raconte la merveilleuse légende de saint Jean l'évangéliste, et il a été donné par les Armuriers.

CHAPITRE V.

De la Crypte.

1. Le mot *crypte* signifie lieu caché. Il est donné par les archéologues aux églises souterraines. La crypte de Chartres n'était primitivement qu'une caverne naturelle, où les druides élevèrent un autel à Isis ou à la Vierge qui devait enfanter : *Virgini parituræ*. Elle servit de lieu de réunion aux Chrétiens du premier siècle, et elle a recueilli les reliques sacrées de ceux d'entre eux qui donnèrent leur sang pour la foi de Jésus-Christ. Elle est le sanctuaire le plus ancien qui ait été consacré à la Mère de Dieu, et l'un des plus vénérables du monde. Elle est assez illustre dans les annales religieuses pour que Mgr l'évêque de Poitiers ait osé dire : « Depuis les premiers « âges du Christianisme jusqu'à la fin du « siècle dernier, la Notre-Dame de Sous-« Terre a été le plus célèbre sanctuaire euro-« péen de Marie »

La crypte actuelle est l'œuvre de saint

Fulbert, et elle a été construite en deux années, de 1020 à 1022. Toutefois, après l'incendie de 1194, on ajouta quatre chapelles absidales et quelques autres constructions. — Elle est la plus vaste et la plus remarquable qui existe en France : elle s'étend sous toutes les parties des bas-côtés et des chapelles de l'Eglise supérieure ; elle compte 110 mètres de longueur et 200 mètres de circuit, sur une largeur moyenne de 5 à 6 mètres. Plusieurs entrées conduisent à la crypte ; les deux principales sont situées, l'une près du perron nord du côté de l'évêché, l'autre au midi près de la Maîtrise. « On descend dans ces lieux, dit « Sablon, par quatre beaux escaliers de pier- « res de taille; et, sitôt que l'on y est entré, « l'on se sent surpris d'une agréable horreur « et d'une dévotion extraordinaire, qu'inspire « dans les cœurs, même les moins tendres, « la majesté de cette caverne ou de cette « sainte grotte. »

La crypte fut entièrement dévastée en 1793, tous les autels furent renversés, tous les ornements furent pillés, les vitres furent défoncées, le pavé fut détruit, il ne resta que les murs. Ensuite on vit ce lieu si saint et si vénérable tomber entre les mains des tonneliers et des marchands de vin qui y établirent leur magasin pendant un demi-siècle.... Aujourd'hui la sainte Grotte si chère aux cœurs religieux des Chartrains, est rendue au culte; ses jours de deuil sont finis; elle est plus ornée, plus riche, plus pieusement soignée qu'avant les sacrilèges destructions des terroristes de 1793. La restauration de la crypte chartraine sera l'éternel honneur de notre pieux et vénéré Prélat.

2. Pour faire comprendre la pensée qui a présidé à cette heureuse restauration de la crypte, nous transcrivons ici quelques lignes de la *Voix de Notre-Dame de Chartres*, numéro de janvier 1860 : « Le 8 décembre 1854, Mgr l'évêque de Chartres était l'un des heureux témoins de cette fête à jamais mémorable, dans laquelle fut proclamé par le Chef suprême de l'Eglise le dogme si cher à tous les enfants de Marie. C'est à son retour de la Ville éternelle, que le pieux prélat résolut de rendre à la Mère de Dieu son antique église souterraine, en même temps qu'il promulgue-

rait pour son diocèse la nouvelle croyance imposée à tous les chrétiens, et qu'il couronnerait, au nom du Souverain-Pontife, la statue si vénérée de la Vierge Marie, de Notre-Dame du Pilier. La restauration de la crypte chartraine se rattache donc au grand événement religieux de notre époque ; c'est un monument précieux qui rappellera aux âges futurs avec quelle joie, avec quel enthousiasme, avec quels transports a été accueillie parmi nous la définition de l'Immaculée Conception de Marie.

« Un remarquable article de M. l'abbé Vassard, inséré dans le *Journal de Chartres*, le 4 mars 1855, révéla le secret de cette magnifique entreprise. Les principaux organes de la presse s'emparèrent d'une nouvelle aussi intéressante, et l'on apprit bientôt en France et à l'étranger que le plus célèbre sanctuaire européen de Marie allait être relevé de ses ruines, après plus d'un demi siècle d'abandon, et sortir enfin du milieu de ses décombres.

« Il nous en souvient encore avec bonheur, c'est le soir du 14 mars 1855, veille de la fête de Notre-Dame de la Brèche, que les ouvriers se mirent à l'œuvre et commencèrent à déblayer cette enceinte mystérieuse, où Marie a vu tant de générations venir s'agenouiller aux pieds de son Image vénérée. Mgr l'évêque de Chartres avait confié la direction des travaux à M. Paul Durand, artiste aussi habile que religieux et modeste, bien connu dans le monde savant. Toutefois, le zélé prélat ne laissait pas d'encourager de temps en temps, par sa présence, l'activité des travailleurs et de hâter les progrès de l'œuvre.

« On n'avait d'abord songé qu'à rétablir la chapelle de la sainte Vierge ; mais comment faire les choses à demi, quand il s'agit de réparer l'honneur de sa mère ? La restauration entière du monument fut donc arrêtée en principe, et comme le diocèse ne pouvait seul couvrir les frais d'une entreprise aussi considérable, on eut la pensée de faire un appel à la générosité des enfants de Marie et des amis de l'art chrétien. Ce projet, soumis à Monseigneur, reçut son approbation le 20 mai, fête de saint Yves, évêque de Chartres ; les journaux annoncèrent qu'une souscription était ouverte en faveur de l'Œuvre, et de tous les points de la France, les pauvres comme les riches envoyèrent leur obole à Notre-Dame. »

C'est grâce à ce concours si empressé et si unanime, grâce surtout au zèle de notre vénéré Pontife, que la crypte se présente aujourd'hui dans un état digne de Dieu et de sa sainte Mère. Composée avec une lente activité et une intelligence admirable, par notre savant ami et collègue, M. Paul Durand, sa riche décoration offre un ensemble de peintures dont l'exécution et le symbolisme ne laissent rien à désirer et excitent l'admiration des archéologues.

3. Nous donnons le plan de la crypte telle qu'elle existe actuellement, avec ses chapelles restaurées. Nous les décrirons rapidement, et nous laisserons les détails historiques et iconographiques pour notre grande MONOGRAPHIE, comme c'est chose convenue d'ailleurs pour toutes les parties de notre cathédrale et de nos églises.

I. La première et principale chapelle de la crypte est celle de *Notre-Dame de Sous-Terre*; « elle est placée, dit Félibien, dans l'endroit « où les Druides faisaient leurs assemblées et

« leurs sacrifices, et où ils élevèrent la figure « qui se voit, et qu'ils dédièrent à une Vierge « qui devait enfanter, VIRGINI PARITURÆ. » C'est la chapelle du pélerinage ; c'est ici que pendant une longue suite de siècles la Mère de Dieu a reçu les hommages de toute la chrétienté. L'autel est d'un style parfaitement en rapport avec celui de la crypte ; il est couvert d'emblêmes symboliques. Au-dessus de l'autel, se voit la statue de *Notre-Dame de Sous-Terre*, refaite, avec un soin scrupuleux, d'après d'anciennes gravures, et d'après la remarquable grisaille de l'église de Lucé. Elle est placée sur un socle et surmontée d'un riche baldaquin fixé à la voûte (1). Le carrelage de la chapelle est formé de carreaux en terre cuite de couleur rouge et blanche, fabriqués exprès ; on dirait une mosaïque. La grille en fer qui forme le sanctuaire et qui sert de table de communion, rappelle dans son élégante simplicité les chefs-d'œuvre de ferronnerie antique qui font l'admiration des artistes et

(1) Cette belle statue est sortie des ateliers de M. Fontenelle, sculpteur à Paris.

le désespoir des imitateurs. Mais ce qu'il y a de plus remarquable, ce sont les nouvelles peintures murales. Elles rappellent les prophéties touchant la Maternité, la création du monde, sa réparation par le Verbe, les sept dons du Saint-Esprit, les eaux sanctifiantes de la grâce, l'Eglise fondée sur les douze principaux prophètes et sur les douze apôtres, la divine Eucharistie, les Justes de la Jérusalem céleste, les Vierges sages de l'Evangile, etc. ; enfin viennent les Litanies de la très-sainte Vierge et ses attributs mystiques délicatement peints sur des draperies simulées entre les entrecolonnements. On le voit, cette décoration murale résume toute la doctrine catholique avec un enchaînement admirable, tout en laissant dominer le dogme sacré qui caractérise la dévotion de ce sanctuaire. — M. l'abbé Hénault a publié une savante description de ces peintures murales, dans la *voix de Notre-Dame de Chartres* de 1858.

La voûte et les murs qui précèdent le sanctuaire, ont encore les peintures faites par ordre de la reine Anne d'Autriche : sur les murs on voit quatre grands tableaux représentant l'Ascension de J.-C., la Pentecôte, la Mort de la très-sainte Vierge et son Assomption dans le ciel. Sur la voûte il y a le signe donné à Achaz, l'Annonciation, la Naissance de Jésus, l'Adoration des Mages, la Purification, Jésus dans le temple, le vœu de Louis XIII en 1638. Sous les peintures modernes du mur de droite, on découvre des restes de peintures murales qui remontent certainement aux premières années du XIIIe siècle ; elles représentent l'Adoration des Mages, autant qu'il est permis d'en juger. Ces peintures nous prouvent que l'autel a toujours été à la place qu'il occupe actuellement, et que dès les temps les plus reculés, il était en grande vénération. — Des lampes nombreuses sont appendues à la voûte dans toute la longueur de la chapelle ; elles ont été offertes par la piété des généreux serviteurs de Notre-Dame de Sous-Terre. — Ne quittons pas la chapelle du pélerinage, dirons-nous avec un pieux auteur, sans demander à Marie quelque grâce particulière, car le cœur de cette bonne Mère est une source de miséricorde et d'amour à laquelle nous pouvons toujours puiser, sans craindre de jamais le tarir. »

II. *Chapelle de saint Savinien et de saint Potentien*, premiers apôtres de notre pays, prédicateurs de la foi envoyés par saint Pierre. L'autel a été solennellement consacré le 19 octobre 1858, par Mgr l'évêque de Chartres. La voûte possède encore les peintures murales qui y ont été exécutées en 1648, après le pélerinage du roi Louis XIV et de la reine sa mère. — On y voit un beau triptique du XIIIe siècle; il a la forme d'un édicule avec pignon et toit, surmonté d'une crête métallique; il est en chêne, recouvert de cuivre doré et émaillé; nous recommandons ce beau triptique aux archéologues et aux iconographes. Il contient un reliquaire, dans lequel il y a un fragment du VOILE de la très-sainte Vierge qu'on expose tous les samedis à la vénération des fidèles. — La montre vitrée appliquée sur le mur qui fait face à l'autel, renferme deux colliers ou ceintures de grains de porcelaine et de soies rouges de porc-épic; l'une a été offerte à Notre-Dame de Sous-Terre, en 1678, par les sauvages Hurons, et l'autre en 1692, par les sauvages Abnaquis. — On remarque aussi une belle peau de renne, encadrée dans une bordure en tapisserie, sur laquelle on lit cette inscription : LES LAPONS A NOTRE-DAME DE CHARTRES, 15 AOUT 1866. Elle a été envoyée par M. l'abbé Peuffier, missionnaire en Laponie.

III. *Chapelle de sainte Véronique*, convertie en sacristie vers 1620. Elle n'est pas encore restaurée et sert encore de sacristie, mais on espère pouvoir la rendre au culte dans un avenir peu éloigné. Cette chapelle est une des quatre qui ont été construites immédiatement après l'incendie de 1194 ; ses fenêtres sont ogivales ; sa voûte l'est aussi avec des nervures à vives arêtes ; la clef est ornée de folioles allongées. (Les trois autres chapelles de la même époque sont indiquées au plan sous les numéros 5, 7 et 9 ; elles sont reconnaissables par leur abside pentagonale). Dans l'ébrasement d'une ouverture qui communiquait avec la chapelle suivante, on voit des peintures murales du XIIIe siècle ; elles représentent Jésus bénissant et accompagné de deux anges thuriféraires.

IV. *Chapelle de saint Joseph*, époux de la très-sainte Vierge. Elle a changé plusieurs fois de vocable : primitivement elle fut dédiée à saint Christophe ; en 1661, elle le fut à saint Charles Borromée. Mais il était juste que saint Joseph eût sa chapelle dans le plus illustre sanctuaire de sa virginale Epouse. -- Ses parois, sa voûte en berceau, les ébrasements et les pendentifs de la fenêtre absidale sont couverts de peintures murales du XIIIe siècle ; il y a entre autres figures celles de saint Christophe et de saint Jacques-le-Majeur. En 1861, on a continué le dessin de ces anciennes peintures. Un semis de roses et de lys noirs orne la voûte ; sur les parois latérales on a figuré la coupe de pierres. Ce beau sanctuaire a été restauré aux frais de la confrérie de Notre-Dame de Chartres.

V. *Chapelle de saint Fulbert*, évêque de Chartres et architecte de la crypte. L'autel est un don de Mgr Pie, évêque de Poitiers.

VI. *Chapelle de saint Jean-Baptiste* ; c'est la chapelle absidale de la crypte ; en 1661, elle fut mise sous le vocable de l'Annonciation. Saint Jean-Baptiste est le second patron de la cathédrale ; voilà pourquoi il occupe une place d'honneur au chevet de la crypte, et que son sanctuaire est plus riche et plus orné que les autres. Les peintures qui le décorent, sont symboliques et rappellent les principaux traits de la vie du saint Précurseur. — Vis-à-vis de la chapelle on a placé les statues en pierre de la sainte Vierge, de saint Jean-Baptiste et de saint Fulbert.

VII. *Chapelle de saint Yves*, le grand et courageux évêque de Chartres. Mgr Regnault a voulu la restaurer à ses frais, pour honorer la mémoire de son saint et illustre prédécesseur. Ses armoiries se voient sur l'une des fenêtres; celles de l'immortel Pie IX se trouvent sur l'autre. — Cette chapelle avant 1793 était sous le vocable de sainte Catherine d'Alexandrie.

VIII. *Chapelle de sainte Anne*, bienheureuse mère de la très-sainte Vierge. C'était autrefois la *Chapelle de saint Pierre-aux-Liens*; mais sainte Anne devait avoir une place d'honneur dans le sanctuaire privilégié de son auguste Fille. « Ecoutez ce récit, « dirons-nous avec l'éloquent évêque de Poi-« tiers; c'était presque au lendemain de l'in-« cendie qui avait détruit ce temple. Un des

« cœurs qui avaient ressenti le plus vivement
« la douleur de l'église de Chartres, avait été
« celui du brave Louis, comte de Blois. Il
« allait partir pour la croisade. A la nouvelle
« du désastre, il accourt dans cette ville, et
« ce n'est qu'après avoir versé une somme
« généreuse pour la reconstruction du temple
« de Marie, qu'il se dirige vers l'Orient. Mais
« parmi ses lointaines pérégrinations, la
« cathédrale de Chartres était toujours pré-
« sente à son souvenir. Un jour, tandis qu'il
« priait devant le Chef de sainte Anne, con-
« servé à Constantinople, il lui vient une
« pensée d'acquérir une partie de ce précieux
« trésor. Moyennant une ample satisfaction
« donnée à la cupidité de ses possesseurs,
« son projet réussit. Ce fut son dernier tribut
« payé à cette église de Notre-Dame. L'infor-
« tuné prince mourut les armes à la main (1).

(1) Attaqué par les Bulgares devant Andrinople en 1205, le comte Louis de Chartres et de Blois périt d'une mort héroïque. Jean de Friaize le voyant criblé de blessures, l'engageait à se retirer : « Non, s'écria-t-il, « laissez-moi combattre et mourir ; à Dieu ne plaise « qu'il me soit jamais reproché d'avoir fui le combat ! »

« La nouvelle de sa mort arriva en même « temps que son envoi sacré à sa noble et « pieuse épouse, la comtesse Catherine, qui « en fit l'offrande de sa part. Et la présenta- « tion d'un si grand trésor, la réception de la « tête de la Mère, dans la maison de la Fille, « fut l'occasion d'une grande joie pour le peu- « ple. Or ce dépôt sacré n'a pas été perdu. « Depuis les jours de la révolution, il était « déposé dans un des monastères de la cité; « mais désormais les pèlerins de la Vierge de « Chartres pourront le vénérer de nouveau « dans cette église, à l'exemple du pieux « Olier, qui reconnut avoir reçu des grâces « toutes particulières, dues à l'intercession de « la Mère de Marie. » — C'est l'association des *Mères chrétiennes* de la ville de Chartres qui a payé les frais de restauration de la chapelle de sainte Anne.

IX. *Chapelle de sainte Marie-Madeleine*; elle a été restaurée par le tiers-ordre de saint François d'Assise, établi à Chartres depuis 1858, et dont le premier novice et directeur fut le vénéré et pieux abbé Pâquert.— Entre cette chapelle et la suivante se trouve une des entrées de la crypte. La porte, qui date du XIIe siècle, est décorée de boudins retombant sur d'élégantes colonnettes. — Au-delà sur la gauche se trouve une stèle gallo-romaine, monument monolithe sur lequel on voit grossièrement sculpté un personnage revêtu de la robe et du manteau ; pendant longtemps cette stèle a fermé l'entrée *f* de la chapelle de saint Lubin, n° XIII du plan.

X. *Chapelle de saint Martin* ; le grand évêque de Tours a converti tant de païens et opéré tant de miracles sur le territoire chartrain qu'il ne pouvait être omis. Cette chapelle avait primitivement pour titulaire l'apôtre saint Paul; en 1661, elle fut appelée *Chapelle de Notre-Dame de Bon-Secours*. Elle a été restaurée par une famille chartraine, au nom de la Conférence de saint Vincent-de-Paul.— On y voit les restes de l'ancien Jubé, détruit en 1763. Quelques fragments sont bien conservés; nous noterons entre autres une Nativité dont la pureté de style et la savante composition feront éternellement regretter la destruction de ce chef-d'œuvre, gloire de notre cathédrale. — Un beau retable vient d'être donné à la chapelle par M. Heurtault.

XI. *Chapelle de saint Clément, pape*, à la mission duquel notre Gaule a dû sa seconde pléïade de prédicateurs évangéliques. Cette chapelle date des dernières années du XIIe siècle ; les peintures murales qui la décorent, remontent à la même époque; elles sont dues à la munificence de Philippe-Auguste, qui y est figuré à genoux, avec l'inscription incomplète...... S. Rex. Elles consistent en six figures colossales placées dans six niches aux arcades semi circulaires. Les inscriptions sont illisibles, on y reconnaît cependant le martyr saint Vincent, l'apôtre saint Jacques-le-Majeur avec son manteau coquillagé, et saint Nicolas. Au-dessus des niches, on voit deux hommes qui se battent avec la massue et le bouclier, et de nombreux oiseaux qui luttent entre eux.

XII. *Chapelle de saint Nicolas*, l'antique patron de la chapelle épiscopale. C'était autrefois la chapelle de la Sainte-Trinité, puis du Saint-Esprit, en 1661. Au fond du sanctuaire, on voit le sarcophage de saint Calétric, évêque de Chartres, mort le 4 septembre 551 ; ce curieux monument du VIe siècle est digne de l'attention et du respect de l'archéologue chrétien. Sur le couvercle, on lit une inscription qui signifie : *Ici repose l'évêque Calétric, dont la mémoire est douce : il est allé vivre dans les cieux la veille des nones de septembre.* Ce sarcophage n'occupe la place actuelle que depuis 1860 ; on l'a trouvé en 1703, dans l'ancienne église de saint Nicolas, située dans le cloître. — Entre l'entrée de cette chapelle et celle de la cave n° 18, on voit une curieuse piscine du XIe ou du XIIe siècle, qui vient d'être restaurée. Au-dessus, il y a une peinture murale qui a été faite vers l'an 1200 et qui représente la Nativité de Notre-Seigneur.

XIII. *Chapelle de saint Lubin,* « Lubin, le « petit pâtre de Poitiers, le candide écolier du « moine de Nouaillé, le cellerier et l'abbé du « monastère de Brou, enfin, le bien-aimé pas- « teur de la cité et de la province chartraine. « Lubin, dont la tête, confiée dans les jours « de guerre à l'abbaye de saint Laumer de « Blois, vient de nous être rendue en partie « par l'aimable pontife de ce siége récent, qui « acquitte ainsi une dette de déférence et

« d'amour envers sa mère l'église de Char-« tres. » Ainsi parlait en 1860 Mgr Pie, lors de la solennité du six-centième anniversaire. Cette chapelle est l'ancien *Martyrium* ou la *Confession* des premières Basiliques chartraines ; durant les dix premiers siècles du christianisme les autels ne s'élevaient qu'au-dessus d'un martyrium, ainsi appelé parce qu'il était destiné à contenir les reliques des saints Martyrs. La ville de Chartres n'offre pas d'endroit plus intéressant à visiter ; on y voit des restes de constructions gallo-romaines ou mérovingiennes; on y voit aussi d'énormes piliers du IXe ou du Xe siècle avec leur appareil jointoyé de grandes briques verticales. — Agrandi par saint Fulbert, ce souterrain servit de cachette pour mettre en sûreté, durant les guerres, les richesses du Trésor de la cathédrale. On y descendait par un escalier *e* qui se voit encore et qui commence sous les marches du sanctuaire de l'église supérieure. Plusieurs portes de fer en fermaient les différentes issues. En *d* se trouve la basse fosse dans laquelle on mettait la châsse qui renferme la Tunique de la très-sainte Vierge.

— Un gracieux autel s'élève entre les deux piliers carrés qui occupent le milieu de la chapelle. La niche pratiquée derrière l'autel sert à exposer les reliques de saint Lubin. Ce petit sanctuaire a été restauré avec les offrandes recueillies par les enfants des écoles des campagnes.

Nous signalons en passant les beaux Fonts baptismaux du XIIe siècle ; ils se composent d'une grande cuve ronde ornée de moulures et cantonnée de quatre colonnettes aux fûts cannelés et perlés, avec d'élégants chapiteaux.

4. Les murs de la nef méridionale viennent d'être couverts de peintures à fresques qui ne sont pas sans mérite ; ils forment de grands tableaux historiques dont nous indiquerons seulement les sujets :

I. Les Druides offrent leurs hommages à la *Vierge qui doit enfanter* : VIRGINI PARITURÆ.

II. Le martyre de sainte Modeste et des premiers chrétiens de Chartres.

III. La levée du siège de Chartres en 911, par l'intervention miraculeuse de la sainte Vierge.

IV. Le roi Robert offrant un saphir à Notre-Dame de Chartres.

Ces quatre tableaux ont été dessinés par M. Auguste Hoyau, et peints à la cire par deux artistes belges, MM. Deplancke et Van Elslander. — On doit continuer ces peintures murales; elles raconteront les principaux faits de l'histoire de Notre-Dame de Chartres. — Il reste à faire 14 ou 15 tableaux, qui s'exécuteront au fur et à mesure des ressources pécuniaires de l'œuvre de la crypte.

5. A leur tour les murs de la courbure absidale de la crypte sont couverts d'une décoration peinte consistant en une suite d'arcatures d'un très-bon effet; elles se détachent en blanc pâle sur un fond gris très-doux à l'œil. Mais vis-à-vis de la chapelle de saint Jean-Baptiste, les regards sont attirés par une décoration plus brillante. L'or qui scintille à la lueur des flambeaux, arrête l'œil du visiteur et l'invite à observer sept arcades où le symbolisme chrétien parle son plus beau langage : c'est Jésus, vie et lumière du monde, avec l'Esprit-Saint et les douze Apôtres. Toute cette composition riche de savoir a été parfaitement

expliquée par M. l'abbé Henault, dans la *Voix de Notre-Dame*, N° d'avril 1872; nous y renvoyons nos lecteurs. — Quant à l'exécution picturale, elle est irréprochable, et suppose une main patiente et délicate. M. Albert est le peintre qu'il faut à M. Durand; et il mérite bien une mention pour avoir exécuté à peu près seul les peintures décoratives de la crypte.

CHAPITRE VI.

Le Pèlerinage.

1. La dévotion des pèlerinages tient à la nature même de l'homme : c'est le culte des souvenirs. Aussi les pèlerinages chrétiens datent des premières années du christianisme. Nous apprenons de saint Denis et de saint Ignace martyr, que les premiers fidèles se faisaient un bonheur et un devoir de porter leurs pas à Nazareth, à Bethléem et surtout à Jérusalem, la première patrie de la foi, le théâtre sacré des souffrances mortelles de Jésus-Christ. Dès le premier siècle de l'Eglise le tombeau de la sainte Vierge, à Jérusalem,

devint aussi le but d'un pieux pèlerinage ; et Julien-l'Apostat lui-même avoue qu'avant la fin de ce même siècle, les tombeaux de saint Pierre et de saint Paul étaient déjà, à Rome, fréquentés par une foule nombreuse qui y accourait de toutes les parties du monde. — Sans doute Dieu est présent partout et on peut le prier en tous lieux. Cependant c'est une chose sainte et louable de se transporter dans les lieux où il lui a plu de manifester sa puissance et sa bonté envers les hommes, et dans lesquels la très-sainte Vierge ou les Saints ont bien voulu faire connaître le crédit dont ils jouissent auprès de Celui qui est le souverain dispensateur de toutes les grâces.

2. En France, la plupart des anciennes églises dédiées à l'auguste Mère de Dieu sont devenus des lieux de pèlerinage. Mais l'église la plus anciennement célèbre, sous ce rapport, est sans contredit celle de Notre-Dame de Chartres, où naquirent la dévotion prophétique à Marie et son culte anticipé. C'est ce qui a fait dire à Mgr Pie, dans son magnifique discours pour le couronnement de Notre-Dame du Pilier, en 1855 : « Quoique l'humble peuple

« ait toujours afflué à Notre-Dame de Chartres, je n'oserais soutenir qu'il n'existe pas « en France d'autres sanctuaires de Marie « aussi populaires que celui de Chartres; mais « ce qu'on peut affirmer, c'est que Chartres « est le pèlerinage historique, le pèlerinage « national par excellence ; toutes les grandes « lignes de l'histoire de France viennent en « quelque sorte aboutir à ce temple. » Puis, s'élevant à la hauteur de prophète, l'illustre Prélat s'écria : « J'ose le prédire, Chartres « redeviendra plus que jamais le centre de la « dévotion à Marie en Occident, on y affluera « de tous les points du monde. » Nous assistons à l'accomplissement de ces paroles prophétiques. De toutes parts arrivent de nombreux pèlerins qui viennent vénérer la très-sainte Vierge dans son sanctuaire le plus ancien et l'un des plus vénérables de l'univers. Ces pèlerinages prennent tant d'importance que la Presse ne peut les passer sous silence. Aussi, en 1866, un éloquent missionnaire a pu dire en s'adressant aux Chartrains : « Vous « m'êtes témoins, mes frères, que les jours de « la splendeur sont revenus, et que les peu-

« ples affluent à Notre-Dame de Chartres. » Depuis quinze ans, les prodiges d'autrefois se sont renouvelés, et de nouvelles merveilles succèdent chaque jour aux merveilles anciennes. C'est donc sans étonnement que nous avons lu, dans le numéro de décembre 1871 de la *Voix de Notre-Dame*, que l'auguste Pie IX s'est fait recommander tout spécialement à Notre-Dame de Chartres.

C'est à cause de ses nombreux pèlerins que la cathédrale de Chartres a mérité le titre d'INSIGNE, titre qui lui a été donné par un décret de la Congrégation des Rites, en date du 9 mai 1861. En voici la traduction littérale : « Bien qu'il soit contraire aux usages de la « sainte Congrégation d'accorder des titres « spéciaux d'honneur aux Eglises cathé- « drales, N. S. P. le Pape Pie IX a cependant « ordonné que l'Eglise de Chartres fût décorée « du titre d'INSIGNE, d'abord parce que cette « Eglise a toujours honoré la Bienheureuse « Vierge Marie d'un culte particulier, ensuite « parce qu'elle est le centre d'un immense « concours de pieux pèlerins. »

3. Les pèlerins que la Sainte Dame de

Chartres voit accourir chaque année dans son temple auguste, lui offrent leurs prières et leurs hommages ou devant son image appelée *Notre-Dame de Sous-Terre*, ou devant sa sainte *Châsse*, ou devant sa statue connue sous les noms de *Vierge-Noire du Pilier* et de *Vierge-aux-Miracles*. Ce sont là les trois bases, les trois objets matériels du pèlerinage.

I. NOTRE-DAME DE SOUS-TERRE. — Nous l'avons dit déjà, d'après la tradition constante de l'Eglise de Chartres, l'emplacement actuel de la cathédrale était le lieu consacré à la réunion générale des druides gaulois, réunion dont parle César dans ses commentaires : « A une époque de l'année, dit-il, les druides « s'assemblent sur le territoire chartrain, dans « un lieu consacré. » Or, durant une de ces assemblées générales, le chef des druides, éclairé d'une lumière surnaturelle, éleva, dans une grotte mystérieuse, la statue d'une Vierge, afin qu'elle y fut honorée d'un culte prophétique, et il y plaça cette célèbre inscription : VIRGINI PARITURÆ, *à la Vierge qui doit enfanter*. « Chartres, dit excellemment Mgr

« Pie, dans la pensée de Dieu, était prédes-
« tiné à une haute mission. A une époque qui
« se perd dans la nuit des temps, Dieu avait
« posé sur cette montagne les premières fon-
« dations et comme une pierre d'attente de
« la foi chrétienne. » Il y a donc plus de vingt siècles que la Mère de Dieu est vénérée à Chartres. La statue druidique est par conséquent la plus ancienne manifestation de la terre pour honorer la Reine des cieux.

Quand vers l'an 48 de l'ère chrétienne, saint Savinien et saint Potentien, envoyés à Sens par saint Pierre, passèrent à Chartres, ils furent bien étonnés d'y trouver la statue prophétique. Ils s'empressèrent d'annoncer que cette Vierge et son divin Enfant étaient venus. Les druides et les Chartrains crurent à leur parole et se firent baptiser. La grotte druidique servit d'abord de temple à ces premiers chrétiens, et la statue de la Vierge-Mère continua d'y être honorée. Cette statue prophétique a-t-elle échappée aux désastres amenés par les persécutions et par les incendies? N'a-t-elle été détruite et réduite en cendres que par les Vandales de 1793? Ce n'est pas ici le lieu d'examiner ces questions.

La statue actuelle a été posée, sur son emplacement traditionnel, le 15 septembre 1857; elle représente exactement l'ancienne. Voici comment l'historien Pintard décrivait celle-ci en 1681 : « La Vierge est dans une « chaise, tenant son Fils assis sur ses genoux, « qui de la main droite donne la bénédiction, « et de la gauche porte le globe du monde. Il « a la tête nue et les cheveux fort courts. La « robe qui lui couvre le corps, est toute close « et replissée par la ceinture; son visage, ses « mains et ses pieds qui sont découverts, sont « de couleur d'ébène grise luisante. La Vierge « est revêtue, par-dessus sa robe, d'un man- « teau à l'antique, en forme de chasuble, qui, « se retroussant sur les bras, semble arrondie « par le devant sur les genoux jusqu'où elle « descend : le voile qui lui couvre la tête, « porte sur ses deux épaules, d'où il se rejette « sur le dos. Son visage est extrêmement « bien fait et bien proportionné, en ovale, de « couleur noire luisante; sa couronne est toute « simple, garnie par le haut de fleurons en « forme de feuilles d'ache. La chaise est à « quatre piliers, dont les deux de derrière ont

« 23 pouces de hauteur, sur un pied de lar-
« geur, comprise la chaise; elle est creuse par
« derrière, comme si c'était une écorce d'ar-
« bre de trois pouces d'épaisseur, travaillée
« en sculpture. La statue a 28 pouces et 9
« lignes de hauteur. » — Nous ajouterons les lignes suivantes du *Catalogue des Reliques et Joyaux* de 1682 : « Ce qu'il y a de remar-
« quable dans l'Enfant, c'est qu'il a les yeux
« ouverts, tandis que Marie les a fermés.
« Cette différente disposition des yeux fermés
« et ouverts n'a pas été observée sans dessein.
« On rapporte que les druides ont représenté
« la Vierge avec les yeux clos pour faire
« connaître que la foi était encore dans les
« ténèbres, lorsqu'ils élevèrent cette statue,
« et que celle qu'ils honoraient, n'était pas
« encore née. Cette tradition veut qu'ils ont
« ouvert les yeux à l'Enfant pour faire com-
« prendre qu'ils croyaient ce Fils existant de
« toute éternité. »

On dira peut-être que la nouvelle statue n'est plus l'antique et miraculeuse statue qu'ont vénérée nos pères, et que par conséquent elle ne possède plus la vertu et la puissance que le ciel avait daigné accorder à l'ancienne. C'est là une vaine objection ; écoutez avec quelle force Mgr l'évêque de Poitiers y répondait le 15 septembre 1857 : « Non, il est vrai, cette statue n'est plus celle qu'ont vénérée nos pères. Ne rappelons pas ce qui sera toujours un si douloureux sujet de larmes ; réjouissons-nous bien plutôt de l'acte réparateur qui s'accomplit en ce moment. Non, cette statue n'est pas la même qu'autrefois ; mais reproduite d'après les principales données de la tradition chartraine, j'affirme que ce soir, en allant reprendre la place de sa devancière, elle héritera de toute sa vertu. Déjà la prière puissante et authentique de l'Eglise a séparé, discerné ce bois inanimé du domaine des choses profanes; l'eau sainte l'a non-seulement purifié, mais sanctifié et consacré pour être à jamais la représentation de la Vierge qui était l'attente des nations aussi bien que d'Israël, de la Vierge qui devait enfanter le Sauveur. A cette bénédiction de l'Eglise va se joindre, sinon la consécration du temps à venir que nous ne saurions devancer, du moins la consécration des siècles passés. Et cette image sacrée n'aura pas plutôt été inaugurée sur un emplacement antique et traditionnel, qu'aussitôt tous les souvenirs des âges écoulés, des anciens prodiges opérés, viendront l'investir et la pénétrer, se grouperont au-dessus de sa tête comme le nuage qui planait sur l'arche d'alliance et qui révélait la présence de la divinité. Puis tant de larmes dont le parvis du temple a été mouillé; tant de vœux, tant de soupirs, tant de prières qui, comme une vapeur d'encens, se sont attachés aux parois des murailles et des voûtes; en un mot, tout ce qu'il y a de sainteté répandue dans toutes les parties du temple, viendra se réunir, se renfermer dans cette image bénie, l'imprégner et la traverser. Et toutes ces générations de saints Pontifes, de saints Prêtres, de saints Rois, de saints Confesseurs, de saintes Vierges, de saintes Veuves, qui sont venus invoquer la puissance de Marie en ce lieu ; toutes ces légions de fidèles serviteurs de Notre-Dame de Chartres qui sont présentement dans la gloire, étendront de concert leurs mains pour faire descendre d'en haut sur cette statue la même vertu divine qui s'est autrefois échappée de la statue antique pour leur sanctification Enfin, outre la bénédiction de l'Eglise, outre la consécration des souvenirs du passé, cette statue possédera bientôt la consécration qui résultera de ses propres prodiges, de ses propres miracles. »

Les nombreux *ex-voto* de reconnaissance qui décorent aujourd'hui la nouvelle statue de Notre-Dame de Sous-Terre, sont la preuve matérielle de l'accomplissement de ces paroles prophétiques. En effet, les *ex-voto* sont les éloquents et muets témoignages des prodiges opérés, des miracles obtenus ; chacun d'eux a sa signification, et parle d'une infirmité guérie, d'un malheur éloigné, d'une affliction consolée, d'une victoire remportée, d'une conversion obtenue, d'un enfant conservé à sa mère.

II. La sainte Chasse. — L'histoire nous apprend que la Mère de Dieu, au moment de sa mort, fit donner ses vêtements à deux pauvres veuves. « La très-sainte Vierge, dit un « historien grec, ordonna et enjoignit au dis- « ciple vierge de donner ses habillements à « deux veuves ses voisines, qui entre toutes

« lui avaient porté plus d'amitié et de révé-
« rence. » On comprend avec quel soin religieux les premiers fidèles ont dû conserver ces précieux vêtements. Cependant, dès la fin du Ve siècle, presque tout ce que cette sainte Mère de Dieu avait laissé sur la terre, se trouvait réuni à Constantinople, la ville des Reliques, comme l'appellent les chroniqueurs du moyen âge, et qui elle-même s'estimait la première ville de l'univers à cause des reliques insignes qu'elle avait rassemblées dans ses riches sanctuaires. Or, les mêmes chroniqueurs sont d'accord pour affirmer que vers l'an 792, l'empereur Constantin Porphyrogenète donna à Charlemagne un vêtement de la sainte Vierge; et qu'un autre vêtement de cette même Vierge fut apporté plus tard de Constantinople en France, à la prière de Charles-le-Chauve.

Il est certain que Charles-le-Chauve a donné ce saint Vêtement à l'église de Chartres. Cette donation est un fait historique sur lequel il n'est pas permis d'élever le moindre doute : toutes les chroniques en font mention, comme on peut le voir dans les *Historiens de France* de Dom Bouquet. Toutefois, aucun chroniqueur n'assigne la date précise de cette donation ; mais il est très-probable qu'elle eut lieu lors du pèlerinage que Charles-le-Chauve fit à Chartres le 1er Août 867 (1). Si nous n'avons plus les titres de cette donation, c'est parce qu'ils ont été brûlés lors du terrible incendie de 1020. Le pieux empereur, en donnant ce saint Vêtement à notre cathédrale, voulait sans doute récompenser les Chartrains qui, en 854, avaient vu leur ville renversée jusqu'au sol par le fer et la flamme, et qui s'étaient empressés de la relever pour arrêter de nouveau les Normands.

Notre cadre étroit ne nous permet pas de raconter ici les miracles éclatants qui depuis mille ans se sont opérés par la sainte Relique de Chartres, ni les faits historiques où elle est intervenue, ni les pieux hommages qu'elle a reçus de la part des rois, des pontifes, des princes, des grands, des savants, comme de

(1) Nous nous sommes probablement trompé, en disant page 11, que cette précieuse Relique fût donnée en 876. Charles-le-Chauve était alors en Italie.

la part des simples habitants des champs. Nous les avons consignés dans notre *Manuel du pèlerin* de Notre-Dame de Chartres. — Nous devons nous contenter de transcrire en partie le procès-verbal de la dernière translation du saint Vêtement ; ce procès-verbal donne tous les détails que peut désirer un pèlerin instruit ; il est en date du 1er Août 1849.

« Claude-Hippolyte Clausel de Montals, par la miséricorde divine et l'autorité du Saint-Siége apostolique, évêque de Chartres,

« Savoir faisons que la commission par nous instituée a fait l'ouverture du coffret, renfermant le précieux Vêtement appelé *Tunique* et plus tard *Chemise* de la bienheureuse Vierge Marie, Mère de Dieu : qu'elle a trouvé cette sainte Relique, dans un état très-satisfaisant : elle se compose de deux morceaux de la même étoffe de soie blanche écrue (1), dont l'un est

(1) En examinant au microscope un fragment de cette sainte étoffe, nous avons cru reconnaître qu'elle est tissée de ce beau coton d'Egypte, coton-Pacha, comme on l'appelle aujourd'hui, qui est aussi brillant que la soie.

long de deux mètres douze centimètres, sur quarante centimètres de largeur ; et l'autre long de vingt-cinq centimètres sur vingt-quatre de large. A cette Tunique de la bienheureuse Mère de Dieu, telle qu'elle est décrite dans les procès-verbaux de nos prédécesseurs,... se trouve joint un voile d'une étoffe plus légère et plus claire, qui est désigné dans les procès-verbaux susdits comme l'enveloppe de la Tunique de la très-sainte Vierge, et qu'on croit avoir été un voile de l'impératrice Irène (1).

« Cette première opération terminée, le saint Vêtement de la bienheureuse Mère de Dieu et l'enveloppe qui y était jointe, ont été pliés soigneusement et placés sur un coussin de drap d'or, de manière que le Vêtement de la sainte Vierge formant plusieurs plis gradués et placé au-dessus, fût facilement visible, et que l'enveloppe pliée par-dessous, laissât apercevoir une partie des franges et ornements byzantins. Cette sainte Relique est assujettie

(1) Cette étoffe byzantine paraît être du VIIIe ou du IXe siècle.

par six cordons d'or liés deux à deux par-dessus et terminés par de petits glands d'or. Le tout a été déposé dans un petit coffret de bois de cèdre, garni à l'intérieur de soie blanche et pourvu de six ouvertures, trois de chaque côté, ayant la forme de trèfles à quatre feuilles. Ce coffret, qui a été bénit avant le dépôt de la sainte Relique, a été scellé du sceau de nos armes. »

La sainte châsse repose dans le *trésor* de la cathédrale, c'est-à-dire, dans une grande armoire pratiquée dans le mur de la clôture du chœur. Les chapelains de Notre-Dame la montrent aux pèlerins. Dans les grandes circonstances, elle est exposée solennellement à la vénération des fidèles.

III. LA VIERGE-NOIRE DU PILIER. Cette sainte statue, troisième base du pèlerinage chartrain, date seulement des dernières années du XVe siècle, comme le proclament tous ses caractères archéologiques. La première mention qu'en fasse l'histoire, remonte à l'an 1497. Elle fut d'abord placée sur le jubé, aux pieds du crucifix qui le surmontait. Vers 1520, elle fut posée sous l'une des arcades du même jubé, afin que sans troubler les offices du chœur, les fidèles pussent en approcher librement. Elle était dès lors en si grande vénération que tous les pèlerins, après avoir porté leurs hommages à Notre-Dame de Sous-Terre, ne manquaient jamais d'aller les offrir à Notre-Dame du Pilier ; ils étaient si nombreux que dès 1608, la colonne de pierre qui la soutient, était déjà toute cavée de leurs seuls baisers, comme nous l'apprend Rouillard. — Après la destruction du jubé, en 1763, la Vierge-Noire fut adossée à l'un des gros piliers du transept, et elle y demeura jusqu'en juillet 1791, époque où elle fut reléguée dans un coin de la crypte, d'après les ordres de l'évêque constitutionnel Bonnet. En 1806, elle fut placée où nous la vénérons maintenant. Elle repose encore sur une colonne; mais ce n'est plus celle qui était usée par les seuls baisers des pèlerins, et qui fut brisée aux jours néfastes de 1793. La colonne actuelle est une des dix colonnes de l'ancien jubé.

Cette statue miraculeuse est peinte et dorée avec beaucoup d'art ; on ne peut en voir que le visage, parce qu'elle est toujours couverte d'un riche vêtement, comme toutes les statues miraculeuses du monde catholique. Un chapelain la garde constamment du matin au soir.

Depuis que cette statue quatre fois séculaire est replacée sur son pilier, la généreuse piété des fidèles et des pèlerins s'est plu à l'enrichir et à l'orner. C'est avec leurs deniers que l'on a élevé la boiserie aux mille clochetons qui l'entoure; c'est leur reconnaissance qui lui a offert ces vêtements qui la couvrent, ces couronnes en vermeil, ces cœurs en or et en argent, ces lampes, ces candelabres, ces statues, ces broderies, ces fleurs qui ornent sa chapelle. Aussi, lorsque dans un jour de fête, tous ces *ex-voto* resplendissent à la lumière de milliers de cierges, le pèlerin s'arrête charmé de tant d'éclat et de magnificence. — Le couronnement solennel de l'image miraculeuse, fait au nom de Pie IX, le 31 mai 1855, est venu encore augmenter la dévotion et la générosité qu'elle excitait déjà dans les âmes fidèles. Les pèlerins sont plus nombreux, et leurs offrandes sont plus riches; aussi sera-t-il possible de lui dresser bientôt un sanctuaire plus riche encore et d'y élever un autel, afin qu'on puisse offrir le divin sacrifice devant la statue miraculeuse. Depuis longtemps, les prêtres pèlerins de Notre-Dame ambitionnent ce bonheur.

CHAPITRE VII.

Des Clercs de Notre-Dame.

Il manquerait, ce semble, quelque chose à notre modeste Monographie, si nous n'y consacrions un chapitre à l'œuvre admirable qui est l'âme du pèlerinage et du service de la cathédrale de Notre-Dame de Chartres. L'Œuvre des Clercs de Notre-Dame a été fondée en 1853 par M. le chanoine Ychard, actuellement supérieur du Petit-Séminaire. Voici en quels termes le digne émule du vénérable Barthélémi Holzauser, en exposait lui-même le but et les avantages : « L'Œuvre des « Clercs de Notre-Dame de Chartres, fondée « dans le dessein de relever la beauté du culte « et la pompe des solennités dans notre ma- « gnifique cathédrale, a spécialement pour « but de former à l'étude de la musique et « des cérémonies religieuses quelques enfants

« choisis qui nous sont confiés par des famil-
« les chrétiennes, de leur donner l'instruction
« convenable à leur âge, et par-dessus tout
« de conserver en eux le précieux trésor de
« l'innocence qui doit faire leur plus bel orne-
« ment. — Mais indépendamment de ce
« premier objet, on a eu également en vue,
« par la création de cette œuvre, de recueillir,
« pour le service de l'Eglise, d'autres enfants
« ou jeunes gens, de quelque pays qu'ils
« soient, qui montrent des dispositions pour
« l'état ecclésiastique, mais que leur position
« de fortune empêche d'entrer dans quelque
« séminaire. A n'envisager que sous ce dernier
« rapport, cette institution naissante, on en
« comprend déjà l'immense utilité. Il est
« d'expérience, en effet, que beaucoup d'en-
« fants qui désireraient embrasser l'état ecclé-
« siastique, se trouvent arrêtés faute de
« ressources. Bien des fois, nous avons en-
« tendu de vénérables confrères déplorer
« amèrement un pareil malheur, et nous-
« même, nous nous sommes vus souvent dans
« la triste nécessité de refuser d'admettre des
« sujets d'espérance qui auraient pu rendre
« à l'Eglise d'importants services. »

Malgré l'exiguité du local et la modicité de ses ressources, l'Œuvre des Clercs de Notre-Dame a parfaitement atteint ses buts divers.

D'abord elle fournit des servants pour les messes basses qui se célèbrent dans la cathédrale et dans la crypte. On connaît cette grande misère d'enfants de chœur dissipés, sans modestie et sans piété, mal tenus et remplis de pétulance, montrant autant de précipitation que d'ignorance. Quel est le prêtre qui n'en ait gémi ? Et quel est le pieux catholique qui ne répète ces paroles d'un illustre général : « Il m'est impossible d'en-« tendre pieusement la sainte Messe, lorsque « je vois l'enfant de chœur dissipé ? » Avoir des enfants de chœur édifiants et pleins de foi est un problème qui a toujours paru insoluble ; de fait nous ne l'avons trouvé résolu nulle part, pas même dans la Basilique de saint Pierre à Rome. Ce n'est qu'à Chartres qu'on a su le résoudre : les jeunes Clercs de Notre-Dame servent la Messe avec une piété et une modestie édifiantes ; ils observent les saintes règles avec une exactitude admirable ; ils font tout posément, avec esprit de foi et avec une gravité digne des fonctions sacrées qu'ils remplissent.

Ensuite, comme Maîtrise, l'Œuvre des Clercs remplit son but. Vraiment, rien n'est beau et majestueux comme de voir les jeunes Clercs, dans leur riche costume cardinalice, (soutane rouge, mozette rouge bordée d'hermine, et aube délicatement brodée au chiffre de Notre-Dame), assister aux offices de la cathédrale et exécuter avec un ensemble merveilleux tous les mouvements prescrits par les règles liturgiques; ils y relèvent véritablement la beauté du culte et la pompe des cérémonies; ils y édifient, parce qu'ils y assistent avec cette décence et cette religion que l'Eglise désire si ardemment jusque dans les moindres de ses ministres.

L'Œuvre se voit couronnée du succès dans son troisième but, qui est de former les enfants à l'étude de la musique. « Sous le rapport « musical, dit un infatigable érudit de notre « ville, la cathédrale de Chartres possédait, « dès la plus haute antiquité, le renom le plus « justement acquis parmi les Maîtrises de « France. En voici une preuve irrécusable

« qui nous est donnée par le savant abbé « Lebœuf : *De toutes les églises cathédrales*, « dit-il, *celle qui fournit dans les siècles* « *reculés les plus belles pièces de chant, fut* « *celle de Chartres.* (1) » Déjà, sous saint Fulbert, on y envoyait de toutes parts des jeunes gens pour apprendre le chant. — Les Clercs de Notre-Dame vont renouveler la réputation musicale de la cathédrale de Chartres. Ils exécutent les chants sacrés avec un entrain et un ensemble qui étonnent ; il est vrai qu'ils sont dirigés par M. l'abbé Goussard, tout à la fois habile musicien et littérateur distingué. Leurs voix fraîches et angéliques, auxquelles se mêlent les voix fortes et sonores des séminaristes et des chantres, vont jusqu'à l'âme, arrachent même des larmes d'attendrissement ; nous le disons, parce que nous l'éprouvons chaque fois qu'il nous est donné d'assister aux offices solennels de la cathédrale. « Clercs de Notre-Dame de Chartres, leur dirai-je, avec M. l'abbé Poirier, continuez

(1) L'*ancienne Maîtrise de la cathédrale de Chartres*, par M. Lecocq.

à redire les cantilènes liturgiques, non pas de la voix seule, mais avec l'accent de la prière. Que ce ne soient pas les cordes musicales qui sonnent sous vos doigts, mais le cœur qui vibre et tressaille. Que ce ne soient pas des cris et des clameurs, mais un hymne d'amour qui monte harmonieusement aux oreilles de Dieu. Les rois pourront fonder comme autrefois un Salut et une Messe à notes ou des motets à chanter dans la crypte par les enfants de chœur de Notre-Dame. »

Enfin l'Œuvre des Clercs a atteint son but principal, qui est de procurer et de préparer de bons et dignes prêtres. Il est inutile de le dissimuler, au point de vue du recrutement du clergé, le présent est loin d'être satisfaisant, et l'avenir peut justement inquiéter. *La disette de prêtres devient menaçante*, a dit un saint évêque. Pour ne parler que du diocèse de Chartres, voici ce que la *Voix de Notre-Dame* disait en 1857 : « Une grande « pénurie de vocations ecclésiastiques nous « afflige en ce moment. Six sujets seulement « se sont présentés cette année-ci au Grand- « Séminaire, et l'année prochaine, selon toutes

« les probabilités, le nombre des aspirants sera « moindre encore, puisque la rhétorique du « Petit-Séminaire se compose de quatre élèves « seulement. Et qui ne sait combien sont « grands les besoins du diocèse ? Bien des « paroisses sont dépourvues de pasteurs. Pas « de prêtres pour les missions et très peu « pour les maisons d'éducation ; pas de prêtres « non plus pour les hautes études, pour les « congrégations religieuses et pour tant d'œu- « vres qui ne demanderaient qu'à être entre- « tenues pour prospérer et produire les plus « heureux fruits. » Or, l'Œuvre des Clercs de Notre-Dame vient au secours de cette grande pénurie : déjà elle a donné une vingtaine de prêtres à l'Eglise ; elle a 25 de ses élèves dans les ordres au Grand-Séminaire, et 27 autres suivant le cours de leurs études au Petit Séminaire. De plus elle compte 64 élèves à la Maîtrise.

On comprend dès lors que le Pontife suprême ait solennellement approuvé l'Œuvre des Clercs, et que dans une audience publique, il ait dit à un ecclésiastique chartrain : « Ah ! « vous êtes de Chartres.... Vous avez là une

« belle cathédrale ; vous avez aussi une ma-
« gnifique œuvre. Mgr Regnault, votre saint
« évêque, m'a écrit à ce sujet ; cette Œuvre a
« toute mon admiration, et je la bénis de tout
« mon cœur (1) » — On comprend aussi que notre vénéré Prélat ne cesse de la bénir, et que plusieurs évêques l'encouragent et l'envient pour leurs diocèses.

Avec quelles ressources cette Œuvre si belle et si utile peut-elle se soutenir et marcher ? Ici nous laisserons parler le zélé supérieur de l'Œuvre, M. le chanoine Bourlier :
« Notre principale ressource est la protection
« spéciale de Notre-Dame de Chartres. L'au-
« guste Reine du Clergé nous a donné tant de
« preuves de sa tendresse maternelle pour ses
« petits Clercs, que nous avons en Elle la plus
« entière confiance : nous savons qu'on ne
« l'invoque jamais en vain. — La Maîtrise
« de Notre-Dame de Chartres a différents
« emplois dans l'église cathédrale et dans les
« communautés de la ville : tous les honorai-
« res sont pour l'œuvre. — Quelques familles

(1) *Voix de Notre-Dame*, année 1868, page 84.

« plus favorisées des dons de la fortune nous « confient leurs enfants et nous paient la « pension comme dans les Séminaires de notre « diocèse. Quelques autres nous aident à « entretenir leurs enfants par une subvention « annuelle de 100 francs, de 50 francs, etc., « d'après leur position. Nos autres élèves, et « c'est la grande majorité, sont entièrement à « notre charge. Nous trouvons des âmes cha- « ritables qui en adoptent un ou plusieurs, et « s'engagent à les protéger jusqu'à la fin de « leur éducation cléricale. — La *Voix de « Notre-Dame*, bulletin mensuel fondé en « 1857, deviendra, nous l'espérons, une de « nos grandes ressources. »

Nous ajoutons que la vente de la Monographie et de quelques autres livres sera une autre ressource pour l'œuvre : nous nous estimons heureux de lui en fournir le moyen par notre travail.

CHAPITRE VIII.

Les Eglises de Chartres.

Nous croyons devoir donner, dans ce dernier chapitre, une courte notice sur chacune des cinq autres églises de Chartres : ces églises méritent d'être visitées par les archéologues chrétiens et les voyageurs instruits. Nous les décrirons l'une après l'autre, suivant leur ordre chronologique.

I. Eglise de saint Martin-au-Val. — Grâces aux générosités princières d'un homme bienfaisant, M. de Raverdy, cette église vient d'être complètement restaurée, sous l'habile direction de notre savant ami, M. Paul Durand : elle se présente aujourd'hui avec son cachet originel et avec toutes les traces si curieuses de son antiquité : elle est telle que nos pères ont pu la voir à la fin du Xe siècle. — Sur l'emplacement actuel de cette église, s'élevait, dès le premier siècle du christianisme, un petit oratoire où les chrétiens se réunissaient. « Ce lieu appelé Saint-Martin-au- « Val fut choisi par les nouveaux chrétiens « chartrains, au commencement du christia- « nisme, dans leur canton, hors les murs d'en- « ceinte de Chartres, lors ville très-considé- « rable, puisque les remparts s'étendaient « jusque là, pour leur servir de cimetière « commun, où ils inhumaient tous ceux qui

« étaient morts dans la communion de l'Eglise; « ils s'y assemblaient aussi pour y prier en « commun autant que la persécution du nom « chrétien le leur pouvait permettre, et Dieu « répandit si abondamment ses grâces sur ce « petit oratoire qu'ils y avaient édifié, que le « nombre de ses fidèles augmentait tous les « jours dans ce pays. » Ainsi s'exprime l'*Abrégé chronologique de Saint-Martin-au-Val*. Ce premier oratoire aura sans doute été détruit lors de la dernière persécution générale, à la fin du IIIe siècle. Lorsque la paix fut rendue à l'Eglise par Constantin, l'oratoire fut rebâti par Africain, notre huitième évêque, qui y fut enterré en 364. Ce second oratoire eut le sort du premier en 911, lors du siége de Chartres par les Normands, qui le renversèrent de fond en comble. Plusieurs années après, vers 965, sous l'épiscopat de Hardouin, on le reconstruisit une troisième fois, peut-être pour protester contre les craintes chimériques de cette époque (1), et on lui

(1) On sait qu'alors le peuple était persuadé que l'an 1000 devait amener la fin du monde.

donna la forme et les dimensions qu'il a encore maintenant. On utilisa divers fragments de l'oratoire d'Africain, lesquels se voient encore en divers endroits de l'église.

La forme générale de l'église est celle d'une croix latine, avec abside circulaire, circonstance rare pour l'époque. Le chœur est assez élevé au-dessus du sol de la nef et des transepts. Sous le chœur se trouve le *martyrium* ou crypte, ou grotte-sacrée. Un large bas-côté règne tout autour du chœur, qu'il enveloppe ainsi que la crypte ; une suite de piliers et d'arcades séparent le chœur d'avec ce bas-côté. Les piliers de la nef et des transepts n'ont pas de chapiteaux et remontent au Xe siècle. On sait que l'innovation la plus saillante de cette époque, c'est l'importance donnée à l'arcade : ici les sept arcades du chœur sont formées par des cintres extrêmement surhaussés. Elles sont composées de deux rangées de petits claveaux séparés par des joints fort épais ; c'est un autre caractère du style franco-latin du Xe siècle. Sept des piliers du chœur, sont ornés de demi-colonnes avec chapiteaux ; ces chapiteaux sont lourds et grossiers, mais l'ensemble satisfait la vue; on y remarque entre les volutes, des feuillages, des entrelacs, des oiseaux et des animaux fantastiques. Les bases des colonnes portent à leurs angles une sorte d'appendice saillant, première idée des pattes ou griffes, si communes au XIe et au XIIe siècle. — La crypte est la partie qui mérite le plus l'attention de l'archéologue ; outre son ensemble qui date du Xe siècle, elle contient de précieux débris de sculpture et d'architecture mérovingiennes du VIe siècle. Nous recommandons surtout deux chapiteaux en marbre gris, nous les recommandons quoi qu'ils se ressentent de l'ignorance barbare de l'époque et qu'ils soient d'une affreuse grossièreté : l'un représente une scène d'effroi; une énorme bête sauvage semble sortir d'une forêt, et saisit un homme par le bras ; le compagnon de cet infortuné demande du secours à un personnage armé d'une lance. L'autre chapiteau représente une scène d'amour et de paix ; quatre colombes se donnent le baiser ou soutiennent une couronne. Il était d'usage autrefois de figurer, dans les églises, l'antagonisme du bien et du mal, de la vie et de la mort. — On remarquera que la façade de l'église est sévère et peu ornementée ; c'est encore un des caractères du style franco-latin.

II. Eglise de Saint-André. — Cette église, malgré l'incendie de 1861, est encore un monument intéressant sous le rapport de l'art et de l'antiquité. Elle date de l'épiscopat de Geoffroi de Lèves. — Avant 1791, c'était la plus importante des dix paroisses de Chartres : elle comptait plus de deux mille communiants. Elle était tout à la fois paroissiale et collégiale ; son clergé se composait d'un doyen, de douze chanoines, d'un curé ou vicaire perpétuel et d'un prêtre sacristain. Elle fut érigée en collégiale par saint Yves en 1108. — Au commencement du XVIe siècle, pour agrandir l'église, on jeta sur l'Eure une arche de 14 mètres et on y éleva un chœur et un sanctuaire avec toute la richesse du style ogival flamboyant. En 1612, un prolongement nouveau fut ajouté au chevet de l'église : on y construisit une grande chapelle dédiée à la très-sainte Vierge, et supportée par une seconde arcade jetée au-dessus du quai de la rive droite de l'Eure. Les événements néfastes de 1793 ont tout fait disparaître et ont déshonoré la belle église dédiée au saint et glorieux apôtre de l'Achaïe. — Elle offre aujourd'hui la forme d'une croix en tau ; la longueur totale est de 40 mètres, et la largeur de 22 mètres. La hauteur de la nef était de 20 mètres. L'extérieur n'a de remarquable que la façade occidentale : trois arcades cintrées en occupent toute la partie inférieure ; les archivoltes sont ornées de tores et de zigzags contre-zigzagués, et reposent sur des colonnettes, dont les chapiteaux sont très-curieux ; ils offrent quelque réminiscence du chapiteau corinthien ; entre les feuilles d'acanthe, on voit des têtes humaines riant, chantant, grimaçant. Dans tous ces chapiteaux, la pierre est bien fouillée, et l'exécution matérielle atteste que le ciseau était guidé par la main savante et exercée des moines de Thiron. — On remarquera la forme élégante et bien dessinée du triplet ogival placé au-dessus des trois arcades cintrées. Chaque fenêtre est ornée d'archivoltes dont presque toutes les moulures forment un tout continu avec les pieds-droits qui les supportent; c'est un caractère du style romano-byzantin de transition. Le triplet repose sur une corniche composée de deux tores séparés par une gorge profonde; et cette corniche est soutenue par des corbeaux ou modillons à têtes saillantes offrant des figures grotesques et grimaçantes. — Au-dessus du triplet, une élégante rose du XVIe siècle étalait les meneaux flamboyants de sa riche corolle; elle a été abattue après l'incendie de 1861, sous prétexte de sécurité publique. — La tour qui est accolée au transept méridional, est lourde et peu élevée; la flèche octogonale qui s'élançait vers le ciel comme une prière, a disparu lors de la tourmente révolutionnaire de 1793. — L'intérieur, qui porte le cachet des principes austères de l'architecture romane, présente un vaisseau partagé en trois nefs. Seize piliers cylindriques soutiennent la nef centrale et les transepts. Leurs bases portent des griffes ou pattes; et leurs chapiteaux offrent des feuilles galbées ou en crochets, d'une exécution très-simple. Au-dessus des arcades sévères des travées, règne un large tore qui ceint l'édifice dans toute son étendue.

Plus haut se trouve la claire-voie supérieure, composée d'une suite de lancettes sans aucun ornement. Dans les bas-côtés, il n'y a que quelques fenêtres étroites et irrégulières. Les fenêtres du pourtour du chœur étaient larges et garnies de meneaux flamboyants et de vitres peintes, dont il ne reste que le souvenir. — Les voûtes étaient en bois; elles avaient été refaites en 1480 par P. Courtier, qui avait gravé son nom sur une poutre. — A l'endroit où était la chaire, on voyait avant l'incendie de 1861 des peintures murales qui remontaient au commencement du XIIIe siècle. — A l'entrée du chœur s'élevait avant 1793 un jubé en bois sculpté par P. Courtier; au nombre des sculptures on remarquait, d'après les souvenirs populaires, *un porc battant le beurre dans une baratte*; c'était une épigramme à l'adresse des hérétiques notoires; ainsi à Saint-Sernin de Toulouse, on voit un porc assis dans une chaire, avec cette inscription : CALVIN LE PORC PRÊCHANT. — L'église de Saint-André possède deux cryptes vastes et profondes qui s'étendent dans toute la longueur des transepts; elles sont carrées l'une et l'autre, et d'une dimension de 10 ou de 12 mètres de côté.

La Société archéologique a émis le vœu que les ruines de Saint-André deviennent un musée renfermant toutes les antiquités qu'on trouverait à Chartres et dans les environs. Quant à nous, nous redirons ici ce que nous écrivions en 1850 : « Hélas! depuis 60 ans, l'église de Saint-André ne voit plus célébrer les augustes mystères ; les anges saints qui veillaient à sa garde, l'ont abandonnée ; elle sert de magasin à fourrage pour les chevaux de la garnison et appartient au ministère de la guerre! Mais bientôt le magasin à fourrage va être transporté ailleurs ; et alors verrons-nous le beau temple redevenir une maison de prière? Cela dépendra du conseil municipal de Chartres. Nous espérons qu'il comprendra que mettre une église à la portée des populations est une des œuvres les plus utiles auxquelles les chrétiens et les politiques puissent travailler : œuvre religieuse et profondément catholique, puisqu'elle tend à réveiller dans les âmes une foi bien endormie, sinon tout-à-fait éteinte; œuvre politique et sociale, puisqu'en contribuant à rappeler aux hommes les saintes prescriptions de la loi divine, la Religion leur enseigne à obéir aux lois de l'Etat, à respecter le bien d'autrui, à s'aimer et à s'aider mutuellement. Au nom de la Religion, de la Société et de l'Art, nous faisons les vœux les plus ardents pour le rétablissement de l'église paroissiale de Saint-André. »

III. Eglise de Saint-Pierre. — L'église de Saint-Pierre n'a pas la célébrité qu'elle mérite; elle est cependant, après la cathédrale, le monument le plus remarquable de la province ; on peut la regarder comme une des plus belles églises secondaires que possède la France; plusieurs de nos cathédrales lui sont même inférieures. Après avoir été longtemps la basilique d'une célèbre abbaye, elle est devenue, depuis 1801, l'église paroissiale de cette partie de Chartres nommée la basse-ville. L'abbaye elle-même sert aujourd'hui de caserne militaire. — Les travaux de l'église furent commencés vers 1150 sous la direction du moine Hilduard. Ils furent bientôt interrompus faute de ressources. Mais quand le corps de saint Gilduin eut été découvert en

1165, de nombreux miracles se firent sur son tombeau; les fidèles y vinrent en foule et donnèrent de riches offrandes qui permirent de reprendre, vers 1210, les travaux commencés. On construisit alors la nef et ses bas-côtés, qui durent être achevés vers 1225 L'église abbatiale fut dès lors complète. Toutefois vers la fin du règne de saint Louis, les moines de Saint-Pierre reconstruisirent le chœur de leur église, soit que celui d'Hilduard fut jugé indigne de la nef, soit qu'il menaçât déjà ruine. L'abside du chœur ne fût même terminée que vers 1310. Ces diverses édifications sont certaines ; il est vrai que tous nos historiens prétendent que l'église actuelle appartient tout entière au XIIe siècle; mais les règles de la critique monumentale ruinent absolument cette opinion erronée. — Pleine de vigueur et de majesté dans son ensemble, l'église de Saint-Pierre se développe en parallélogramme irrégulier avec rond-point, sur les proportions suivantes :

Longueur totale hors œuvre,	82 mètres.
Largeur totale,	21 »
Longueur du chœur,	29 »

Largeur du chœur et de la nef,	11 mètres.
Hauteur des voûtes,	21 »

A l'extérieur, le monument se présente sous des formes graves et majestueuses. Trente contreforts avec doubles arcs-boutants se dressent pour contenir les voûtes, et dénotent un habile constructeur, les quatorze contreforts de la nef offrent quatre retraits peu prononcés, et ils sont surmontés d'un pinacle et d'une tête gargouille. Les seize contreforts du chœur sont plus hauts et plus légers que ceux de la nef ; ils sont surmontés de clochetons qui forment, autour du sanctuaire, comme autant de sentinelles préposées à sa garde. — Les charpentes de la nef et du chœur sont parfaitement construites, et méritent d'être visitées ; elles sont recouvertes de tuiles en terre cuite. — La grosse tour carrée remonte au moins jusqu'aux premières années du XIe siècle : peut-être même date-t-elle de la reconstruction de l'église par l'évêque Aganon, vers 940. Cette tour a été voûtée au commencement du XIIIe siècle. Cent quarante marches permettent de monter jusqu'au beffroi qui est d'une excellente construction. Les quatre belles cloches qui s'y voient aujourd'hui, ont été bénites le 24 juin 1866, par Mgr Regnault, et sont dues à la pieuse munificence du digne curé et des paroissiens de Saint-Pierre. — Sur la face septentrionale du noble édifice, il y a un détestable porche-au-vent qui cache une gracieuse porte du XIIIe siècle; il doit disparaître bientôt.

L'intérieur de l'église de Saint-Pierre impressionne vivement, quand on y entre pour la première fois. On demeure stupéfait devant l'élégance architectonique et les vitraux étincelants du chœur et du sanctuaire. — Avant les spoliations sacrilèges de 1793, cette église possédait de magnifiques autels, de riches chapelles, un gracieux jubé, des stalles remarquables, un dallage historique, etc., etc. Il ne reste plus rien de ces richesses; tout est à refaire; c'est ce qu'ont compris M. le curé actuel de Saint-Pierre et son vénérable prédécesseur, M. l'abbé Dallier. Celui-ci a fait bâtir une belle sacristie et a fait restaurer la chapelle absidale, qui est aujourd'hui un splendide chef-d'œuvre. M. l'abbé Vassard a fait paver le chœur et le sanctuaire en carreaux céramiques d'un riche effet ; il a garni de très-beaux vitraux les fenêtres du bas-côté méridional, et il a placé des cloches dans la tour. Son intention est de continuer ses intelligentes restaurations. Nous ne pouvons qu'applaudir à son pieux dessein.

Si la cathédrale de Chartres a la gloire de posséder la plus étonnante série de vitres peintes du XIIIe siècle, l'église abbatiale de Saint-Pierre peut se vanter d'avoir la plus belle collection de verrières du XIVe siècle. — Ces vastes tableaux en verre ne sont pas jetés pêle-mêle, comme à la cathédrale, ici tout est rangé dans un ordre parfait. Dans la nef, le côté gauche ou septentrional nous montre les apôtres et les faits évangéliques ; le côté droit ou méridional offre les saints confesseurs et les faits de la légende et du martyrologe. Dans le chœur, toute la hiérarchie des Bienheureux entourent Jésus-Christ, qui y est porté, petit enfant, sur les bras de sa Mère, et homme sur l'arbre de la croix. — En comtemplant les œuvres du moyen-âge, on est forcé d'avouer que ses artistes ont su, au plus haut degré, donner à leurs compositions un caractère de naïvete et un sentiment religieux qui en feront à jamais des modèles admirables; ils avaient compris que l'histoire religieuse et les mystères catholiques se graveraient bien mieux dans l'esprit des fidèles en les leur présentant par des scènes mises en actions, que par des descriptions fugitives. De là ces belles peintures transparentes qu'ils étalaient aux fenêtres de leurs églises; ainsi les yeux ne pouvaient se lever sans rencontrer une page de dogme ou de morale. — Donnons maintenant une légère esquisse ou plutôt une aride nomenclature des belles verrières de Saint-Pierre : la description détaillée paraîtra dans notre grande Monographie.

1. La première verrière à gauche, près de la tour, offre deux apôtres entre deux larges bandes de grisailles; il en est de même dans presque toutes les fenêtres : des bandes grisaillées encadrent les figures peintes. Les deux apôtres sont saint Jacques-le-Mineur avec sa massue et saint Matthias tenant une épée.

2. Saint Judde et saint Barnabé, apôtres.

3 et 4. Ces deux verrières racontent l'histoire de saint Jean-Baptiste.

5. Saint André avec un livre, et saint Jean l'évangéliste tenant un livre et une plume.

6. Saint Barthélemy tenant un coutelas et saint Jacques-le-Majeur avec un livre.

7 et 8. Ces deux fenêtres retracent l'histoire de saint Pierre, prince des apôtres.

9. Saint Thomas tenant un livre et une équerre et saint Philippe avec sa pique.

10. Saint Matthieu portant un livre, et saint Jacques avec une hâche.

11 et 12. Ces deux verrières racontent les grands faits de la vie de Jésus-Christ.

Voilà les sujets qui se trouvent peints à gauche de la nef ; ce sont les apôtres et les faits évangéliques, comme nous le disons plus haut. A droite, les vitraux offrent des personnages et des faits de l'histoire ecclésiastique.

1. Le premier vitrail à droite, près de la tour, figure saint Benoit et saint Maur, en crosse.

2. Saint Avit et saint Laumer portant la crosse.

3. Ce vitrail raconte la légende de sainte Agnès.

4. C'est la légende de sainte Catherine.

5. Saint Malard et saint Solenne, évêques de Chartres.

6. Saint Lubin, évêque de Chartres, et saint Martin.

7. C'est le vitrail de saint Denis, en fort mauvais état ; il demande un remaniement et une restauration.

8. Cette verrière est aussi en très-mauvais état ; elle raconte l'histoire si curieuse de saint Clément, pape et martyr.

9. Saint Grégoire et saint Sylvestre, papes.

10. Marie tenant Jésus dans ses bras ; le donateur, le chanoine Laurent, est à genoux, dans le bas du vitrail.

11. Ce travail retrace l'histoire de saint Joachim, de sainte Anne et de la très-sainte Vierge.

12. Cette douzième verrière figure l'Annonciation, la Visitation, la Naissance de Jésus, l'Adoration des Mages, la Présentation et la Mort de la très-sainte Vierge.

Les fenêtres latérales du chœur renferment les patriarches, les prophètes et les autres personnages célèbres de l'ancien Testament, au nombre de quarante. Tous ont annoncé au figuré Notre-Seigneur Jésus-Christ. On remarquera qu'ils paraissent s'entretenir deux à deux. Ces vitraux peints datent de la fin du XIIIe siècle. — Les six fenêtres de l'abside renferment les plus brillantes verrières de la basilique abbatiale. Elles sont aussi remarquables par l'élégance du dessin que par la vivacité des couleurs. Chacune d'elles contient quatre personnages en pied, d'une dimension aussi grande que nature, entourés de riches décorations architecturales. Le tympan est divisé en trois quatrefeuilles, dont les deux inférieurs offrent des scènes de martyre, et dont le supérieur circonscrit un ange qui tient dans chaque main une couronne pour les Saints martyrisés au-dessous. — Les cinq magnifiques verrières ajoutées à l'étage inférieur par M. l'abbé Vassard représentent l'Immaculée-Conception, saint Pierre, saint Paul, saint Fulbert et sainte Soline. Elles sont sorties des ateliers de M. Lorin, habile peintre-verrier, à Chartres.

Dans la chapelle absidale, se trouvent de magnifiques émaux ; ils proviennent de la belle chapelle du château d'Anet. Ils représentent les douze apôtres avec leurs emblêmes caractéristiques : à gauche, on voit saint Pierre avec les clefs, saint André avec la croix en sautoir, saint Jean bénissant le calice, saint Thomas armé de son équerre, saint Philippe tenant sa croix de roseau, et saint Jacques-le-Majeur avec le bourdon et le chapeau coquillagé. A droite, il y a saint Paul avec l'épée, saint Jacques le-Mineur avec la massue, saint Matthias avec la hâche, saint Matthieu armé de la pique, saint Barthélemi portant le coutelas, et saint Simon tenant la scie. Chaque apôtre est encadré par des ornements composés de génies, de vases, d'animaux fantastiques, de guirlandes de fleurs ; on y voit aussi le chiffre et la salamandre de François Ier. Ces émaux ne sont pas l'œuvre de Bernard de Palissy, comme on l'a dit et imprimé ; ils sont signés du célèbre Léonard Limousin (sa signature est peinte sur le pommeau de l'épée de saint Paul) ; et portent la date de 1547. Ils sont vraiment magnifiques, et que de fois nous les avons contemplés avec délices ! Quoiqu'ils n'appartiennent pas au moyen âge, le dessin en est hardi et savant ; nous les regardons volontiers comme un des chefs-d'œuvre de la Renaissance. — Au commencement de ce siècle, en même temps qu'on plaçait les émaux d'Anet, les grisailles du triforium ont été remplacées, dans la courbure absidale, par des vitraux provenant de l'église de Saint-Hilaire, qui s'élevait avant 1793, sur la place de St-Pierre. Ces vitraux ont été peints en 1527, par le célèbre Robert Pinaigrier ; on y remarquera un dessein correct, des formes nobles et élégantes, des couleurs brillantes habilement combinées, une grande entente de l'ombre et des lumières. Malheureusement, ils sont aujourd'hui dans l'état le plus désolant : tout est déplacé, bouleversé, les têtes sont en bas, les pieds en haut ; les tableaux sont scindés en trois ou quatre parties séparées de toute la largeur du sanctuaire. Un remaniement indispensable ferait apprécier ces admirables verrières ; nous l'attendons du zèle généreux de M. l'abbé Vassard, le digne curé de la paroisse. Entre autres sujets, on y voit l'arbre généalogique de Jessé, la naissance de Jésus, le réveil des bergers, la circoncision, l'adoration des Mages, le massacre des Innocents, etc. Il y a aussi des allégories charmantes, par exemple, celle de la vigne du Seigneur : on y voit les apôtres taillant la vigne, faisant la vendange et foulant le raisin ; les évangélistes distribuent le vin en tonneau.

Dans la sacristie, nous avons remarqué deux bonnes copies de peintures flamandes, et un crucifix qui a quelque valeur historique ; sur le pied on lit cette inscription : *Ce crucifix a été porté ici à Chartres, solennellement en procession, par Henri III en* 1582, *et déposé en l'église de Saint-Père.* — Un grand tableau peint à l'huile est suspendu contre le mur occidental de la nef. Cette vaste composition, qui n'est pas sans mérite, représente les noces de Cana. C'est une imitation française d'une œuvre de ces grands maîtres italiens qui ont brillé d'un si vif éclat pendant toute la durée du XVIIe siècle. Nous en avons vu l'original à Venise.

IV. Eglise de Sainte Foi. — Une petite église dédiée à Sainte-Foi, la Vierge martyre d'Agen, existait déjà du temps de saint Fulbert. Elle fut donnée par saint Yves, à l'abbaye de St-Jean-en-Vallée, et érigée en paroisse vers 1150, par l'évêque Goslin de Lèves. C'est après cette érection sans doute, qu'elle fut agrandie de manière à devenir le centre de la paroisse la plus étendue de Chartres. — Dans son intégrité, ce devait être une belle église pour nos pères du XIIe siècle; mais elle a été remaniée à diverses reprises, surtout au XVIe siècle; aussi c'est le style ogival flamboyant qui y domine aujourd'hui.

L'église de Sainte-Foi a été affreusement profanée par la révolution impie de 1793 : elle fut convertie en salle de spectacle, en vertu d'une délibération du conseil municipal du 12 décembre 1794, sur la proposition de l'architecte Morin ! Le crime de la profanation dura près de 70 ans. Mais le 15 septembre, le jour même que la Vierge druidique, Notre-Dame de Sous-Terre, reprenait sa place traditionnelle dans la crypte de la cathédrale, l'église de Sainte-Foi fut achetée par les R. P. Maristes, de Chartres. Ils se hâtèrent de la déblayer, afin de la rendre à la sainteté première de sa destination. Ce fut un grand soulagement pour la conscience chrétienne publique, comme l'a si bien dit l'éloquent évêque de Poitiers : « Ce temple était cher « à bien des titres au patriotisme chartrain ; « il intéressait particulièrement tous ceux qui « ont quelque teinture des antiquités saintes « de la France et des annales religieuses de « la cité. Son vocable, sa fondation, son « ancienne importance paroissiale ne per- « mettaient à aucun de nous d'y être indiffé- « rent. »

Le 6 octobre 1859, l'église fut solennellement réconciliée et rendue au culte. Voici en quels termes le *Journal de Chartres* rendait compte de la cérémonie : « La bénédiction de « l'église de Sainte Foi a été faite par Mgr « l'évêque de Chartres, jeudi 6 octobre. Cette « auguste cérémonie restera pour la ville et « le diocèse un grand et solennel événement, « et laissera dans le cœur des personnes qui « ont eu le bonheur d'y assister un profond et « religieux souvenir. La veille de cet heureux « jour, les couleurs de Marie flottaient déjà à « la croix du clocher, et gracieusement illu- « minées par les derniers rayons d'un soleil « resplendissant, elles annonçaient aux habi-

« tants de la cité et des hameaux voisins que,
« le lendemain, le nom d'une Vierge martyre
« serait de nouveau invoqué dans le temple
« vénéré d'où son culte avait été si sacrilége-
« ment banni. Pour la première fois, depuis 70
« ans, l'airain sacré résonnait doucement aux
« oreilles étonnées de la génération présente.
« — Le jeudi matin à 9 heures les portes s'ou-
« vrent à la foule accourue de tous les points
« du département. Bientôt Monseigneur
« arrive précédé des élèves du grand sémi-
« naire, des prêtres de la ville et du diocèse,
« dans les rangs desquels on remarque deux
« curés de Paris et le R. Père provincial des
« Maristes. Immédiatement commence la
« bénédiction, puis Monseigneur offre le saint
« sacrifice; enfin, Sa Grandeur Mgr l'évêque
« de Poitiers monte en chaire. Nous n'analy-
« serons pas le discours du savant et éloquent
« Prélat; nous dirons seulement qu'il a fait
« verser bien des larmes, quand il a gémi sur
« l'humiliante dégradation de l'église de
« Sainte-Foi. »

Cependant les travaux les plus intelligents achevèrent l'œuvre si bien commencée: l'église toute entière fut restaurée et remise dans un état plus riche qu'avant sa profanation. Ses fenêtres furent garnies de vitres peintes, et ses murs furent couverts de peintures à fresques, dont quelques-unes sont fort remarquables. Alors notre vénérable Prélat voulut lui donner le sceau d'une consécration solennelle; c'est le 13 octobre 1862, qu'il accomplit cette imposante fonction épiscopale. Mgr Bertaud, évêque de Tulle porta la parole en cette circonstance, et il parla avec cette éloquence piquante et originale qui fait de l'éminent Prélat un des grands orateurs contemporains.

Il faudrait maintenant entrer dans quelques détails sur l'architecture de l'église, et décrire ses vitraux, ses peintures murales et son mobilier; nous le ferons dans notre grand travail sur les églises de Chartres.

V. Eglise de Saint-Aignan. — Cette église, placée au centre de la partie méridionale de la ville reporte sa première origine à plus de quinze siècles. En 1793, elle fut dévastée et profanée par la main sacrilége de la révolution. Elle servit ensuite d'hôpital militaire, puis de magasin. Mais elle fut rendue au culte en 1822 et érigée en église paroissiale. — L'église de Saint-Aignan n'est pas un monument qui attire l'archéologue. Toutefois le XVIe siècle y a laissé des sculptures et des peintures sur verre que les amis des arts de la renaissance étudieront avec intérêt. Ce sont ces sculptures qui ont fait classer cette église parmi les monuments historiques de la France.

L'extérieur de Saint-Aignan n'a rien d'imposant. Les premières assises de pierres remontent au XIIIe siècle; ce sont les restes de l'église construite sous l'épiscopat de Pierre de Maincy. La porte principale date de 1310. A côté, se trouve le charmant portail en style renaissance; il porte la date de 1541. — La tour qui flanque le collatéral-nord, appartient à la même époque; elle est ornée de pilastres ioniques et de quelques sculptures frustes pour la plupart; elle renferme trois cloches, dont la première pèse 1000 kilogrammes. — Le plan de Saint-Aignan est très-régulier; il forme un parallélogramme allongé avec abside circulaire. L'église comprend une nef centrale avec deux nefs déambulatoires, soutenues par dix-huit piliers et vingt pilastres. Voici ses principales dimensions en chiffres ronds :

Longueur totale,	48 mètres.
Largeur totale,	20 »
Hauteur de la voûte,	20 »

Les travées ont des arcades ogivales. Au-dessus des travées règne le triforium, qui se compose d'arcades cintrées, appuyées sur des colonnettes corinthiennes, dont les chapiteaux ne sont qu'ébauchés pour la plupart ; ce triforium porte la date de 1625. La voûte est en bois, et vient d'être restaurée et richement décorée, sous la savante direction de M. Bœswiswald. Les murs et les piliers de la nef viennent aussi d'être polychromés sous la même direction. La chapelle absidale qui est dédiée à la très-sainte Vierge, a également été décorée et remise à neuf avec beaucoup de goût. Toutes ces améliorations sont dues au zèle éclairé et généreux de M. l'abbé Levassor, dernier curé de cette paroisse. Espérons que son successeur continuera l'œuvre commencée et garnira de vitraux peints toutes les fenêtres de l'église. — Quelques chapelles ont conservé leurs voûtes élégantes en style renaissance; dans l'une d'elles on lit cette inscription : *A été achevée le* 13e *jour de Septembre* 1543. — Le mobilier de l'église n'a aucune valeur artistique. — Les orgues sont nouvelles et harmonieuses ; elles ont coûté 12,000 francs ; c'est le regrettable abbé Gougis qui, avec l'aide de ses paroissiens, en a doté son église.

L'église de Saint-Aignan avait autrefois toutes ses fenêtres garnies de belles verrières du XVIe siècle ; il n'en reste aujourd'hui qu'un petit nombre à l'étage inférieur. Ces vitraux ressemblent beaucoup à ceux qu'on admire à l'abside de l'église de Saint-Pierre ; c'est la même correction de dessin, la même habileté dans la combinaison des couleurs. On croit qu'ils sont dus au pinceau de Nicolas Pinaigrier, fils ou petit-fils de Robert Pinaigrier dont nous avons parlé plus haut. — Les trente-trois fenêtres de l'étage supérieur ont perdu toute leur vitrerie peinte ; quelques rares fragments apparaissent çà et là. Sur l'un d'eux on lit cette inscription datée : *Messieurs les drapiers et chostiés* (chaussetiers) *ont donné ces présantes vitres* 1567. Au troisième vitrail nord de l'étage inférieur on voit : *J'ai été donnée par Jean Vacher*, 1566.

La crypte de saint Aignan mérite d'être visitée ; elle remonte aux premiers siècles de l'ère chrétienne ; mais elle a été restaurée dans les premières années du XVIe siècle. Saint Aignan, cinquième évêque de Chartres, et ses trois sœurs y ont été enterrés vers l'an 245. Avant les stupides profanations de 1793, on y vénérait leurs tombeaux. On ne sait ce qu'ils sont devenus. — La crypte est éclairée par cinq fenêtres ; sa voûte à nervures toriques est solidement construite en pierres de taille ; elle est à peu près carrée : elle a 20 mètres de long sur 19 mètres de large, et environ 5 mètres de haut. Elle ne renferme aucune œuvre d'art. La pierre sépulcrale de Jean Cadou et de sa femme, Marguerite Mabile, se voit encastrée dans le mur septentrional.

AVIS.

Je termine ici mon modeste travail. Je n'ignore pas que je n'ai fait qu'effleurer mon vaste et magnifique sujet : le cadre étroit de mon livre ne m'a pas même permis d'indiquer les nombreuses et importantes questions que soulèvent l'histoire et l'iconographie de la cathédrale et des cinq autres églises de Chartres.

Eloigné de Chartres depuis un grand nombre d'années, je n'ai pu vérifier l'exactitude de toutes mes anciennes notes ; partant je suis tombé dans diverses erreurs. Voici les principales :

1. J'ai dit, page 87, que les draperies en stuc du chœur sont de couleur bleue ; depuis cinq ou six ans, elles sont badigeonnées en blanc.

2. Il y a erreur, page 89, sur les objets contenus dans le *trésor* : on n'y voit plus que la Sainte-Châsse et les joyaux qui appartiennent à Notre-Dame-du-Pilier ; les autres pièces d'orfèvrerie sacrée se trouvent à la sacristie.

3. J'ai avancé, page 126, que la restauration des vitres peintes de la chapelle absidale ou de la Communion avait coûté 16,000 francs. La note de M. Coffetier, l'habile verrier de Paris, qui a fait ce beau travail, ne monte guère qu'à 2,500 francs.

4. Page 127, j'attribue au XIVe siècle le vitrail XXXI ; M. Coffetier prétend qu'il appartient au XIIIe. Le lecteur jugera.

5. En parlant de la restauration de la crypte, j'ai omis de nommer les deux hommes qui se sont le plus dévoués à cette entreprise si belle et si grande ; je veux parler du regretté et si regrettable abbé Legendre, et de M. le chanoine Ychard. L'un et l'autre y ont travaillé avec un zèle si dévorant, qu'ils ont ruiné leur santé. Je suis heureux de pouvoir réparer ici mon omission involontaire.

6. Page 143, je dis que les lis de la voûte sont *noirs :* ils sont *bleus.*

Malgré l'attention la plus minutieuse dans la correction des épreuves, quelques fautes typographiques déparent encore mon livre : le lecteur intelligent saura bien les corriger, sans qu'il soit nécessaire de les lui indiquer ici.

TABLE

www.ingramcontent.com/pod-product-compliance
Ingram Content Group UK Ltd.
Pitfield, Milton Keynes, MK11 3LW, UK
UKHW020950230726
13923UKWH00007B/237